内控管理洞见

数字时代由外而内的创新思维

| 柳家俊 ◎ 著 |

中国纺织出版社有限公司

内 容 提 要

内控管理不仅能帮助企业防范系统性风险，还能提升企业组织效能。外部环境的变化、科技的发展对企业内控管理提出了更高的要求，企业内控管理不能一成不变，而要加入创新等要素，应用数字化工具提升企业适应力。本书共三部分，包括重新定义企业内控管理的目的、企业内控管理的变革实践、数字社会中的内控管理探索，既有对内控管理理论的剖析，也有对内控管理实践经验的总结，还有对数字经济背景下企业内控管理新发展的思考。每一位企业家、管理者都可以从本书中获得对内控管理的新思索、新认知。

图书在版编目（CIP）数据

内控管理洞见：数字时代由外而内的创新思维 / 柳家俊著. -- 北京：中国纺织出版社有限公司，2024.3
ISBN 978-7-5229-1419-0

Ⅰ．①内… Ⅱ．①柳… Ⅲ．①企业内部管理 Ⅳ．①F272.3

中国国家版本馆CIP数据核字（2024）第039626号

责任编辑：曹炳镝　段子君　于　泽　　　责任校对：王花妮
责任印制：储志伟

中国纺织出版社有限公司出版发行
地址：北京市朝阳区百子湾东里A407号楼　邮政编码：100124
销售电话：010—67004422　传真：010—87155801
http://www.c-textilep.com
中国纺织出版社天猫旗舰店
官方微博 http://weibo.com/2119887771
三河市延风印装有限公司印刷　各地新华书店经销
2024年3月第1版第1次印刷
开本：710×1000　1/16　印张：13.5
字数：175千字　定价：58.00元

凡购本书，如有缺页、倒页、脱页，由本社图书营销中心调换

《内控管理洞见》阅读导图

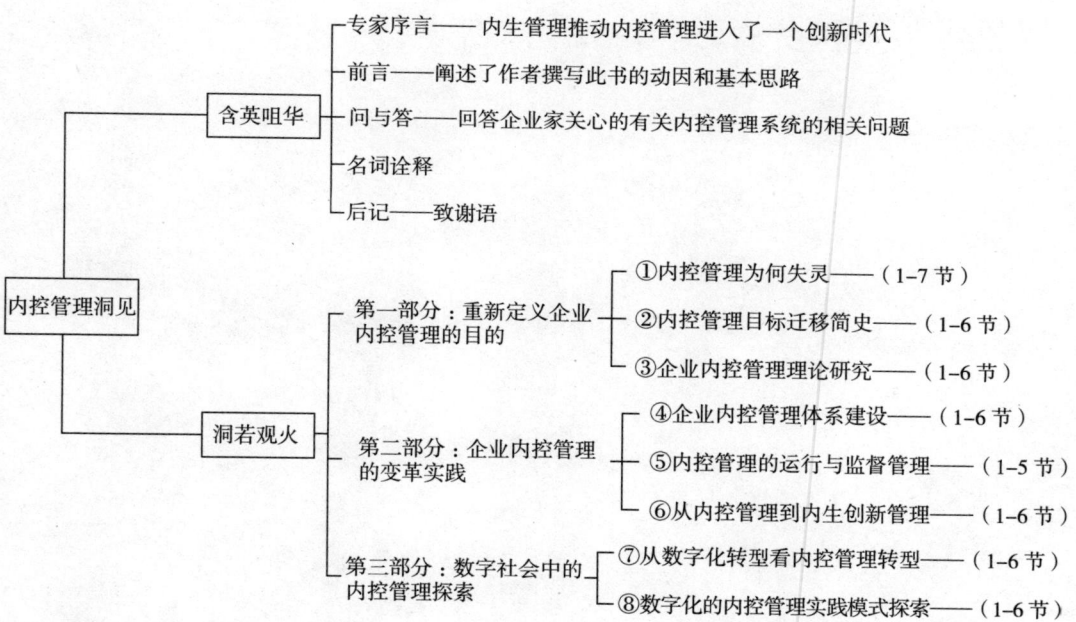

序

内生管理推动内控管理进入了一个创新时代

应我的师兄柳家俊先生的邀请，为他的新作《内控管理洞见：数字时代由外而内的创新思维》作序，我深感荣幸，也非常忐忑，因为在我们复旦大学管理学院就读研究生期间，他不仅是我的师兄，而且年长我多岁，他在就读研究生之前，已经有相当丰富的工作经验和管理实践经验。由此他对管理问题的认识，总比我更具象、更深入，我常常从同他的交流、对话中得到启发。我们有机会一起去做课题，去访谈企业，为企业提供咨询服务，这也丰富了我的管理实践经验和咨询经验，所以我对他向来心存尊重和敬佩。虽然后来我们选择了不同的职业道路，但我们彼此仍然惺惺相惜。令我特别感佩的是他不但长期从事管理的咨询实践，帮助大批企业提升管理能级、优化管理组织与程序，而且不断研究、思考、写作，为推动中国管理事业发展贡献重要力量。为此，我愿意大力推荐他这本具有前瞻性、开拓性，融合理论与实践的提炼和再思考的新作。

我们知道工业时代存活下来的管理模式需要持续变革，但需要一个词语来描述内控管理模式变革之后的一种状态，家俊称这种状态为"内生管理"。这本书包含了从"内控价值管理"迁移到"内生价值管理"的理论和实践内容。将内控管理的关注点转移到新价值生发的内在过程中。

理论创新的价值，就是用一个词语来封装当下和未来企业内控管理过程中的所有场景，为人指明思考的方向，就像为一条夜路装上了路灯一样。举个例子，"元宇宙"这个词封装了众多的数字技术，包括数字视觉、人工智能、大数据、移动互联网、移动支付、数字管理、芯片技术、传感技术等一系列技术。概念是一种集成，是为了所有企业管理人能够轻而易举地认知企业内控管理这件事情。这本书做到了。

管理学书籍如果不是为了实现开创性，占据一个概念高地，仅是对旧案例的总结，没有独特的认知，没有让认知翻转再一次符合现实的价值，就没有必要出版。

这本书中继承和采纳了前人探索的实践经验，对于当下的管理问题，以及面对未来几十年的管理实践，家俊通过几十年的验证和实践反刍，提出了自己独特的管理概念。

为便于读者理解，家俊把"内生管理"的概念作为一种管理目标来定义。事实上，就是站在新的管理目标基础上，使企业管理者感觉到方案和设想还是熟悉的味道，能够解决不确定时代内控管理的适应性问题，用内生管理思维置换一部分过时的企业内控管理模式，使内控管理流动起来。

从管理哲学上来讲，我们这个时代的管理体现出不确定性，是易变的。管理者的思维底座从静态认知成功转变为动态认知，并不是一件容易的事情。关于内控管理变革，往往是一听全懂，一做就错，管理者在意识上认同，但在决策直觉上并不认同。认知是认知，行为是行为，知行不一是企业管理进程中的重要矛盾。

所以，家俊不止一次地说，自己虽然做了几十年对于内控管理的实践和研究，但内控管理这个词在当下本身已经失去了概念囊括能力，有必要更换企业内部管理的核心概念。

家俊在这本书中，建立了一个新的内控管理模型，重新定义了内控管理的内涵和价值。在传统观念中，内控管理的目标，就是企业内需要有一个超人一样的老板，通过全知视角，至少是高等级的直觉感知能力，带领企业迅速从不确定性的世界走出来，将成功的概率以小概率推送至100%或者接近100%。而在家俊提出的内控管理模型中，内控管理流程、媒介和顾客、技术迁移和外包资源网络这四大战略要素构成了一个不稳定的平行四边形，我们只有通过观察，才知道当下的内控管理的具体形状，但就在进行下一次观察的时候，这个不稳定的四边形又发生了改变。牵扯企业的内力和外力可以来自任何一个方向。

我们之前使用的内控管理模型，以建立合规合理的现代企业制度为主要目的，内控管理制度是企业的架构和骨骼系统，如果没有这样的骨骼系统，企业就是软体动物，脆弱且常受各种制约风险侵扰。一家企业需要合宜的管理模式，没有管理，企业无法生存。

作为企业管理者和企业内控管理咨询师，家俊做过很多知名上市企业的内控管理顾问，也服务于很多有合规需求的企业。在实践中，家俊发现，一个企业，特别是家族企业想要走上正常股份制合规的道路，其间要碰到无数的观念障碍。

家俊对于企业内控管理做出了新的理论假设：企业内部只存在普通决策者，企业内部不再存在最高决策者。或者说，企业内部不存在老板，企业的真正决策者是现实需求顾客群体和潜在需求顾客群体，即顾客。这个假设就是置换了一种管理假象，企业控股人并不掌握企业运营的核心权力，适应顾客市场的架构和流程成为内控管理的主要对象。

按照家俊的假设，我们可以得出三条简单结论：企业内部不存在老板，他和管理团队的角色，是适应性架构和流程的改造人和守护者；现实顾客群体是企业的现任老板；基于未来的潜在顾客需求群体是企业的下一任老板。这继承了企业是社会功能体，企业是社会器官的基本假设，沿袭了管理学主要脉络。企业的主要资源在外部，不在内部，尤其在移动互联网时代，这一特征更加明显。

现代内控管理目的随着内外环境的变化而改变，其边界已经变得完全不同。随着数字智能时代的到来，企业管理进入了全要素分析时代。对于全要素分析时代，美国学者纳西姆·尼古拉斯·塔勒布提出了非对称风险概念，在工业时代早期和中期，原来的企业管理抓主要矛盾即可，在数字

内控管理洞见——数字时代由外而内的创新思维

时代，次要矛盾也会随时转化为主要矛盾，甚至微小的矛盾因素也给企业带来不可预期的风险。企业根本无力防范所有可能的风险，所以，应急管理会成为内控管理的一部分，也是整个管理学根基都要开始重组的有力解释。

家俊在书中用很多的篇幅阐述了数字化条件下的内控管理变革问题，并且都是基于现实并面对未来几十年管理变革提出的理念。

家俊指出："很多内控管理做得很好的企业，都在往一个方向演变，那就是印证了对于数字时代的观察，软件正在吞噬世界。"数字化管理和内控管理的结合，正在将各种看得到的内控管理和看不到的抽象管理价值观，灌输到数字化管理系统。在表现形式上，内控管理正在日益表现为一个企业软件操作系统。内控管理正在数字化、智能化和软件化，变成数字化流程，变成一个数字化部门和企业管理团队共同完成的全域工具。

随着智能化技术的发展，管理者通过文字表达就能转变为软件、图像和执行的流程，并且嵌入不断进行自我迭代的软件中。这是家俊思考并且认同的内控管理变革和创新的模式。新的想法和创新被转换成机器语言，不断嵌入，不断改变，从中长期来观察，数字化确实是企业管理变革的最大趋势。

管理不再是人与人的说教，更多变成了一种数字化的流程，这是一个开放接口的游戏，同样带来组织的变革。管理变成无形的、感受不到的，仍然发挥着管理的作用。

微软公司 CEO 萨提亚·纳德拉提出了刷新概念。这个概念表述很清楚，即一个企业启动管理变革时，企业的管理流程、企业中的人需要和软件升级一样，不断自我迭代，自我刷新，在刷新过程中，不断适应全新的经营环境。

从内控管理到内生管理是一次飞跃，内生管理推动内控管理进入了创新时代。从人文角度考察，这些内容的表述，决定了一本书的格调。家俊在本书的内容表述中，通盘无妙手，不追求理论表达的痛快，也不忽视流程执行进程的艰难。管理变革和创新最终要回到人的成长性、人的转变性和人的崇高性上来。企业需要一种精神，这种精神激励企业团队去做无边界拓展，重建企业灵魂，重新作为奋斗者，有勇气面对不确定的未来。

简言之，内生管理模式的目的就是要将企业带到一个不断自我生发的层面。在这个变革和创新的过程中，人是第一位的，一切最终取决于人。管理就是让人把活干好，以达到一种妙然的境地。不确定性并不可怕，由于认知视角的改变，一切都会不同，不确定性的另一面就是发展的无限可能性。

陆雄文
复旦大学管理学院院长
教授，博士生导师
2023 年 6 月 5 日于李达三楼

企业内部控制管理，简称内控管理（ICM），内控管理有多种类型，科层制公司的权威导向，流程制公司的项目导向，去中心化组织（DAO）的耦合导向，各种不同的管理思潮都在影响企业的运营和管理体系。管理者在半信半疑地看待林林总总的管理理念时，往往会感到排斥，认为"真的没有什么是顶用的"。

经营企业都是个性化的，看着满世界的案例，其实没有什么可以直接借鉴的。管理学是实践科学，这是一个由外而内，再由内而外的管理实践输出过程；也是一个实践—理论—实践的螺旋上升的过程。

这个过程也是一般咨询服务的过程，从企业家个性本身和基于企业个性输出的管理制度，在短期内，人是屈从于企业现实的，从长期来看，管理就是企业管理者人格的外化。管理都是基于"人"本身，"人"既是起点，也是终点。

在管理学圈子里，管理学者往往也是企业咨询师，在和企业家长期互动的过程中，实现对鲜活的经营活动实践的现场观察。做管理永远不能离开第一线，这是我的体悟。

咨询不是教育，而是一种共同寻找答案的过程，这个过程本身就具备变革性，对于一个有好奇心的人来说，曲线寻找答案，愿意全身心投入其中，就让人开心。

这么多年，在和企业家及学者打交道时，大家都在说管理学遇到了新的瓶颈，我也认同这样的说法。

内控管理洞见——数字时代由外而内的创新思维

我们这个时代，60%的科技进步都是基于量子器件，比如核技术、电子技术、芯片技术、电池的质子膜、分子筛等，随着时代的发展，"万物精确如机械时钟"的这个假设已经不适用，量子思维的本质就是不确定性和可能性。

如今的管理学，早已不同于传统管理学，这是在信息理论和数字化框架之下的管理学，我们除了需要按照流程办事，还需要重新构建激励系统，也需要加入信息传达系统。

在我们谈及内控管理的时候，事实上企业一部分资源，甚至一部分战略资源都已处于企业的外部，现在管理学的一个重要课题就是如何展开对于整个价值链的管理，做好内部管理，更要协同好外部资源。

企业的内控管理已经进入了"有限关系，无限联结"的时代，有限关系是指企业经过选择之后，企业的内部员工和外部顾客的关系、合作者关系、有限关系带来稳定性，但数字化世界已经打破了时空的限制，企业和外部实现了无限联结，也就会产生无限选择。无限选择带来了混沌状态，带来了更多风险，也带来了更多机遇。

在这样的情形之下，内控管理需要如何去做？

我们需要回到根部，去重新审视基本假设，经济学大厦建立在理性人的假设之上，计量经济学则认为经济学建立在"完美数据"之上。2013年诺贝尔经济学奖获得者罗伯特·席勒认为，在数字化时代，媒介和叙事正在影响人们的决策，并且用有充分说服力的分析指出，人在市场里，都是有限理性的人。换一个说法，这一观点可以转换成两个问题，管理者该如何去面对非理性的市场？如何去应对非理性的顾客？

重新认识管理者的有限理性，已经成为管理学本身的重大问题。在一个内部管理不理性、外部顾客不理性的新管理条件下，企业的运营者到底该信任谁？

重建内控管理系统的需求就自然被提出来了。其实这样的思考本身没有任何构建，只是回到了现代企业组织运作的最初诉求，也就是创立一个理性的管理结构来代替公司里任何一个个人独断者，在理论上否定个人的假装式全知性，发挥管理结构的智慧性，弥补个人的非理性。

所以谈及内控管理，不是要求管理者去创建什么了不得的东西，而是按照公司内在的本质要求创立一个合规、合理的企业。

用科学管理架构替代个人决策者，这样的简单原则，企业管理者都知道，但是很难做到。如果不从管理价值观上去发现问题、解决问题，读多少书，请教多少老师，做出多少漂亮的方案，都是徒劳。

一本书，如何同企业管理者的实践经验哲学和管理中的科学管理哲学结合在一起，这是我多年构思后，产生出版冲动的主要原因。

企业组织的边界开始模糊，内控管理模式的边界也开始模糊，但建立具备高度适应性的管理架构的需求却越来越清晰。

重构内控管理系统的需求，在我看来，只是在建立企业的集体理性，来对抗管理权力的局限性。新的内控管理不再强调超人的决策直觉，也不强调管理者的天才智识，内控管理的本质行为是接受市场连续不断的正负反馈，不断调整，做出最佳选择。

这样的构建也没有任何创造，而是建立在美国著名组织管理专家赫伯特·西蒙的论断基础之上："管理就是决策，通过分析，比较选定最优方案。"

在数字经济条件下，管理者面对选择无限性的问题，所有的内控管理最终都要回到企业的现实——和谁合作能够实现价值最大化。管理就是选择。企业需要解决的问题不变，还围绕原来的核心题目，即如何产生价值并且实现持续增长。

我们需要回到人本身，思考管理者的谦逊，管理学领域没有英雄，没有永恒的理论可以指导实践。这是美国管理学大师彼得·德鲁克的告诫，企业的基本功能还是创新和营销，这个核心框架依然会指导我们面向未来的管理实践。

从逻辑上推断，内控管理的核心行为就是创新，并在商业模式走通的情况下，通过营销行为来强化企业的创新能力。内控管理关注的重点已经发生了偏移，内部稳定秩序也不是第一需求，内控管理的本质需要内生出新的价值，这是我一直谈及从"内控管理"到"内生管理"，再从"内生管理"推动"内控管理"创新的原因。

企业本质上是一种环境刺激之下的内生经济，内控管理的价值就是促进内生，以内部组合适应外部组合。企业需要在内控管理架构设定中，重设目标，实现内部流程贯穿和敏捷交叉。管理团队需要观察所有交叉节点的实时情况，获得外部市场的及时反馈，重构企业的"反馈—行动"循环能力。

当前，企业无法根本杜绝不确定性的风险，无论管理架构多么严密，风险还是会在架构之外发生，这就要求企业具备快速反应的能力。

内控管理的主要价值在于防范系统性风险。这里有两个着力点，即对外观察波动性和对内管控适应性。对外做好叙事管理，对内做好内控管理，使企业整个经营流程尽量保持顺滑，并保持适度的应急能力。希望本书能带给读者更多关于企业内控管理的思索。

柳家俊

2023年6月1日于上海

第一部分 重新定义企业内控管理的目的

第一章 内控管理为何失灵 / 2

管理者的自大 / 2

粗放内控管理模式的悲剧 / 6

条块分割的内控管理 / 10

交叉冲突和内耗问题 / 13

过度有序和内审的迷思 / 19

内控管理不能忽略人的成长性 / 23

"完美"制度带来无责任失败 / 27

第二章 内控管理目标迁移简史 / 29

纵向计划和内控职能管理 / 29

横向计划和链式职能管理 / 32

战略管理带动内控效能管理 / 34

内控管理的全价值链协同进化 / 36

内控管理决策增强环境适配能力 / 39

内生价值引导内控管理 / 43

第三章　企业内控管理理论研究 / 46

内控管理与系统动力学理论 / 46

管理熵原理和组织耗散结构 / 50

组织行为理论和混合型组织 / 53

流程再造理论引导内控管理实践 / 57

企业经营波动性与"媒介—叙事经济学理论" / 61

内生增长理论和创新管理范式 / 65

第二部分　企业内控管理的变革实践

第四章　企业内控管理体系建设 / 70

内控管理体系建设基本思路 / 70

内控管理体系与系统主要内容 / 73

不同类型企业内控管理模式的选择 / 77

内控管理体系实施的路径 / 79

企业三张架构图的梳理和优化 / 84

企业内控管理体系的组织保障 / 92

第五章　内控管理的运行与监督管理 / 100

组织架构、规章制度和流程三者的关系 / 100

不同性质企业的内控管理重点比较 / 104

公司制度的编制原则和方法 / 108

人性、制度和流程的互补关系 / 111

内控管理体系实施过程的监督方法 / 114

第六章　从内控管理到内生创新管理 / 116

在"反馈—行动"中重建系统动力 / 116

从内循环到外循环的战略转变 / 119

创新和选择，内控管理的对接舱模型 / 121

风险内控管理日益体现基础性和辅助性 / 125

内控管理体系下的内部创业文化实践路径 / 128

内控管理推进企业创新的流程 / 130

第三部分　数字社会中的内控管理探索

第七章　从数字化转型看内控管理转型 / 136

数字价值观引领内控管理文化 / 136

重新打造内控管理的数字引擎 / 142

内控管理基础已经浮现出来 / 145

内控管理演化为企业数字孪生操作系统 / 148

全要素分析和全要素数字管理 / 150

数字时代的应急风险管理 / 152

第八章　数字化的内控管理实践模式探索 / 156

内外不分，将顾客纳入顾客社区 / 156

内控管理数字化转型的步骤 / 159

构建数字企业内控管理流程 / 165
将内控战略变成可用的数字战略工具 / 170
内控管理系统数字化应用 / 173
企业之内不存在最高决策者 / 175

附录一：名词诠释 / 180
附录二：关于本书的问与答 / 188
后　记 / 196

第一部分
重新定义企业内控管理的目的

从战略层面来讲，战略已经逐步转变为对企业之外的资源进行管理和掌控的能力，企业旧的组织架构已经不再适应内外资源紧密交互的经营环境，数字智能化时代，所有企业架构都在一张网络结构里，观念变革和管理变革是使内控管理更加有效的必然要求。

第一章　内控管理为何失灵

企业管理者精通自己的流程，也固化在自己的流程里，知识增长未必能促使观念改变，无法从多维视角看清从宏观到微观的企业结构，无法采取正确的行动，这是内控管理流程井然有序，但效能失灵的主要原因。

管理者的自大

一个管理者该如何保持一种管理常态？未来是不确定的，内部架构的稳定性已经让位于外部市场环境的流变性，在"内生变量"和"外生变量"之间，企业需要进行一种艰难的平衡。经营和管理企业，越来越像水上的冲浪游戏，而不再是攀登高峰的过程。

冲浪者随时都会落水，而不像攀登高峰模式一样具有积累性，在非线性的新商业世界里，跨界替代成为常态，积累随时归零，很多所谓的资产，转瞬就变成了转型的累赘；冲浪者强调随机应变的哲学，冲浪过程中，之前所有的正确动作都不再算数，唯有眼前的应对策略，才是一种动态环境下，企业组织保持稳定性的关键。

新的管理常态，就是随时准备好应对外部的打击，并且需要主动应对这种打击，在主动求变的内控管理中，对于外部环境作出相应的内部变阵，这就是内控管理的新内涵。接受呛水是学会游泳的关键，落水之后还能保持镇定,游回来,这就是企业管理者的现实心态。

在高度动荡的管理环境中,"对失败高度容忍"的姿态是下一代企业家的必备素养。

管理者需要清醒地认识到,一个具体企业运营良好,内部团队团结稳定,同事之间有很好的合作文化,跨部门协同工作没有问题,产品营销做得不错,企业做到了一定的规模,这时管理者很容易产生过度自信,而过度自信的企业,须警惕走下坡路。

企业的财务架构不能显示企业面对的危急状态,企业关注的是产值和利润的绝对值。但管理高手都明白,这些算不了什么,做一个亿万富翁,只要还没有全局变为私人财富,那么接下来的商业投资行为,很可能会折在经济结构里。

企业的资源结构和适应能力比产值和利润更重要,这样的结论会冲击很多企业家的观念。结构合理的企业才会谈及成长性,这是管理学的常识。

事实上,每一次企业管理的变革,企业内部的资源部门的变动都是不大的,内控管理的实际操作,就是对企业内部人、财、物、信息等资源按照权重进行重新排序,以对接外部的变化。

企业经营的本质,就是通过"资源不同组合创造出更高的价值",内控管理就是这种资源再组合的过程,变动资源组合是企业家存在的价值。这就像桥牌游戏一样,成功的企业家通过不同组合打牌,而很多经营失败者总是用一个固定的方式打牌。事实上,桥牌思维的移植并不容易,绝大多数经营者正是用一种固定方式打牌的人。

企业可分为两种组织,一种是企业家引领的组织,另一种是职业经理人引领的组织。企业家和管理者,二者也需要区分,一般认为企业家组织是主动变革的组织,经理人组织是一种系统框架内的目标组织,二者有不同的特质。

对于战略投资者而言,他们对于企业家组织和经理人组织具有区分的敏感度，并尽量将自己的有限投资给予企业家组织，在这种行为背后，我们就能区分企业价值的一般模式。

企业内控管理理应由企业家引领，具备企业家精神的人，往往具备最大的开放性，他们善于通过异质组合，调动企业内部所有资源，在做好企业内部团队稳定性的基础上，对外施行的是一种共生思维。共生意味着真正的价值创造，价值创造者能够在生态位上建立自己的定位，提供价值的人拥有自信，内控管理需要建立一种在开放环境下的自信，恐惧会带来保守，自信带来开放，建立外向性的内控管理流程，是一种产业生态的内在需求。

企业家组织是探索性的，这种探索性的文化也影响了内控管理模式和架构设计，这就是管理者要保持实验性思维和谦逊思维的原因。

企业家对于外部环境冲击的反应方式决定了内控管理的有效性

企业家建立自己的企业，企业就成为自己的一件作品，在获得商业上的成功之后，企业家在欣赏自己作品的时候，会陷入孤芳自赏的状态，自信是一件好事，可一旦进入自大模式，企业就很难再发生内部变革。

企业在本质上应该是一个"主动求变"的实体，只要能够承受代价，就要不断地做商业实验，实验思维是人类进入工业时代以来最重要的底层思维之一，非常重要，任何创新本质上就是一种实验。

实验联系着实践和思考，在实验性的行动中，能够得到真正的知识。任何文字和理论都不能替代企业家的探索实验行为，笔者认为，现代企业出现管理失灵的原因恰恰是企业失去了探索的意愿，从企业家退缩为一个秩序流程的管理者。

正因为企业保持旺盛发展势头的主要驱动力是内因，在本书中，我们再一次思考"内控管理"的有效性问题，将内控管理的本质放在新的环境中进行再思考。

企业家的理性和一般职业经理人的理性不同，企业家的理性是机会引领的内控管理，其底层思维是概率和可能性，凭借有限的信息，不使用太多语言，而是用行动来表达自己对于新领域的态度。只要事情成立，那就干一下试试。这种领导力对于当下和未来的企业，已经变得十分重要。

职业经理人，包括很多企业的高层管理者，其思考方式是线性的，倾向于将稳定的体系运营好，他们不是超越竞争，而是直面竞争，但是，超越竞争对于企业获取利润有巨大的战略价值。

经理人思考问题的范畴是半个周期，而企业家在思考问题的时候，是跨越一个完整周期，因此，我们能够看到，在企业内部，需要处理好企业家和职业经理人之间的角色关系。

当企业处于顺境的时候，职业经理人的内控流程管理是有效的，一旦外部战略环境发生突变，企业家对于外部环境冲击的反应方式决定了内控管理的有效性。

从企业层面来说，企业家如何看待外面的经营环境，反过来就会在企业内部采取什么样的行动。因此，主动接受冲击，应该成为一种企业组织文化。

"消除自我中心"是管理者在企业管理中应时时注意的，管理者处在人生巅峰的时候，恰恰最容易失去对于事实的判断能力。要保持这样的判断能力，当然是有方法的，那就是管理者不能离开一线，需要和一线的人接触，以保持对市场的敏感度。

在内控管理进程中，设计架构时会依靠这些"听到炮声的人"反馈的信息，这就是一种主动变革的行为，只要内控管理架构是建立在和外部顾客资源互动基础上的，就不会犯战略级别的错误。

领导者也许会大骂高管，但需要和一线员工和颜悦色地谈话、做朋友，因为领导者想要听实话，就需要放下架子，真实信息是企业管理的生命线。

稻盛和夫说，谦逊是企业辟邪的良药。保持谦逊就能继续接受新东西，谦逊的人，更容易听到他人真诚的建议。内控管理中内因是主体，毕竟"内因是变化的根据，外因是变化的条件"。

粗放内控管理模式的悲剧

相对于科学精细的管理模式，粗放式管理模式是千姿百态的，在彼得·德鲁克的管理学描述中，管理是企业的一个器官，他将企业分为两种管理形态，一种是外骨骼甲壳形态，一种是内骨骼形态。这是两种管理结构以物种来类比的话，甲壳形态的类比物种是昆虫，昆虫都是体积很小的物种；而内骨骼的物种体型可以变得很大，恐龙、大象和鲸鱼都是内骨骼形态。

德鲁克在20世纪50年代就开始区分管理的效能问题，他总是讲述这个比喻，让企业家和管理学者能够清晰地区分管理缺失和科学管理模式的区别。所谓"做大做强"，起点是企业家的愿望，但执行过程却是务实进取的内控管理系统，只有一种有效能的过程控制，才能够获得更好的结果。

甲壳形态的企业，本质上就是一种执行粗放式管理的企业，比如，某小微企业，创始人和团队能力很强，尤其在技术领域是好手，但企业发展起来，原因就是只有技艺，没有管理结构，没有形成企业的组织能力。个人能力和企业能力其实是两个不同的概念，这样的小微企业，只是装在"公司"壳子里的个体劳动者。

甲壳型公司的形态之所以遇到发展瓶颈，原因在于这是一个让创始人自己开心的管理结构，虽然公司很小，但其内核却是一个"帝国结构"，按照童话的比喻，这就是一个昆虫的帝国。

甲壳型企业为何缺少规模优势和竞争能力？

我们将缺少内部管理结构，企业老板一个人说了算的企业，叫作甲壳型企业。这些企业中，创始人往往是一个"能人"，甚至比很多大企业管理者的个人能力更强，但是个人的壳（心智层面）太厚了，无法建立起大规模的组织信任。大规模信任是大组织存在的前提。这些人普遍能够建立一个系统结构，往往叫作某某工作室。工作室就是助手和创始人的才智输出机制，有些大的工作室，即使有不少员工，但内部管理结构还是助手结构。

在昆虫世界，甲壳脱壳蜕变是危险的，没有甲壳保护的时候，甲壳虫就成了"软脚虾"，从而变成了一种没有武器的美食，而且，个头越大的甲壳类物种，在蜕变过程中越容易被攻击。

换成一个缺少内部结构的企业组织，这些企业依赖于创始人本身在认知领域的进取速度，企业内部缺失一种制衡的机制，一个企业依赖于一个人的进步，事实上，个人认知局限性制约企业的决策质量，这对于企业发展显然是不利的。甲壳虫脱壳再长大的过程非常痛苦，这决定了"能人经济"型企业结构的艰难——随个人的认知而起，也随个人的认知而落。

甲壳型企业内部普遍缺少分工和岗位的激励机制，企业内部的运作模式是一种"指派—执行"模式，信息流、财务流都是基于个人的判断，而不是企业运营的一般规则，因此，经营具有随意性。"能人经济"中，个人展开"甲壳"，是可以飞行的，其内部信息系统缺少修正和反馈体系，这些都在制约企业发展。

在甲壳虫的世界里，有无数的物种，但其共性就是整个内脏系统全部依附在甲壳上，无法承受大结构的震荡；甲壳连接处都是薄弱环节，很容易被攻破。这也是甲壳虫长不大的原因。由此，我们可以理解甲壳型企业的管理悲剧。

内控管理洞见——数字时代由外而内的创新思维

一个企业从一种管理结构变成另一种管理结构，需要引入新的管理模式，在实践中，这是一件困难的事情。从一种粗放型的企业管理模式过渡到现代企业管理结构，需要付出极大的代价，并且绝不是削足适履。

管理是有规律的，一个管理系统想要在企业中沉淀下来成为"习惯法"，需要很长时间，这是企业运行的规则，每个人都知道自己的工作如何去做，大企业就像一支参加世界杯的足球队，在足球队内有明显的分工，每一位队员都有自己擅长的球技，优秀的企业需要其中的每个人各施所长，而且还能够组合成一种随时应变的合力。在赛场上，能够应对挑战，战胜对手。

所有能够发展的大企业都有完善的内控管理系统，华为公司创始人任正非说："稳定的专业类队伍和流程体系，就如同两条坚实的伏尔加河堤，不管里面的浪花如何，公司都能稳定、高效运营。"

内控管理是所有组织得以存在的网络结构体，篮球有篮球的规则，足球有足球的规则，企业管理有企业管理的规则。内控管理是一门商业人的必修课，这决定了企业组织以什么样的结构和姿态来面对外面的世界。

内控管理系统的价值

对于企业的内控管理系统和持续运作能力的构建，能不能学习和复制？这是管理学的基础问题，彼得·德鲁克认为管理是一项技能，管理是可以习得的，小创业者可以学会管理，将企业做成一个创造巨大价值的企业。

合理的组织机制是组织创造价值的前提，对于中小企业而言，习得和实践一套适合自己的管理系统，是持续做成事业的前提。

所谓真正的现代内控管理，并非一个生意的买卖通顺了，而是一个能够将科技创新和模式创新完全纳入管理进程，企业完成从创新到价值创造的全流程。绝大多数企业仅将管理当作一个顺利盈利的工具和技能，还没有用内控管理体制来对于价值创造和内外资源进行战略组合的能力。

华为公司内控管理的进化，从20世纪90年代末就开始了，这跟创始人对于管理价值的理解有关。IBM在由提供产品转向战略服务的过程中，愿意全盘输出美国创新企业的全套管理流程，在别人眼里，这不算什么，但是任正非却看到了"一个企业的组织能力才是市场竞争力的核心能力"，创新企业的内控管理提供的就是一流的组织能力。

如果说之前华为公司的管理是一种昆虫的骨骼，那么在经过对全球产品预研到项目管理、项目周期寿命的规划评审，以及生产过程中的质量控制深入理解之后，任正非识别到这套美国一流创新企业的共同内控管理模式的价值，并将其引入中国。

这种对于集群专业工程师和专家群体进行的管理系统设计，在中国是一个创举，之前，我们理解的企业管理是对于一些成熟流水线的效能管理，限定于工业管理范畴，但是华为公司引入的是对于人才效能和科技效能的管理，这是面对未来的科技投入和战略流程管理的系统认知和系统方法。

全世界企业内控管理和组织能力的皇冠是"创新型公司"，而其他绝大多数企业组织则属于"量产型公司"，如果一个企业想要做"公司中的公司"，就需要将创新型公司的全部流程内嵌到整个管理流程中，可惜的是，虽然今天企业界人人都在谈管理，但在成为一个"创新型公司"方面，依然缺少认知，缺少改变组织能力的变革勇气。

内控管理的改变，需要企业创始者走出自我的心理防护区域，进入宽广地域，将自己的精气神注入组织中，需要一种坚强意志和变革勇气，花费数年时间的坚持，将"创新型公司"的内控管理变成每一个人的事情。

内控管理是一种看不见摸不着的"软资源"，在笔者做管理咨询的过程中，很多企业对于"组织能力"和"管理流程"缺少基本理解，这就认识不到组织内控管理的价值。

直到今天，华为公司的管理还延续了IBM当年给出的集成产品开发（IPD）、集成供应链（ISC）、IT系统重整、财务四统一等8个管理变革项目，即使做出变革，也是一种适应的转变，内控管理系统是一个优秀企业的基础骨架。

条块分割的内控管理

内控管理支撑一个企业稳定可预期地运行，将企业变成一个协调共生的有机体，因此，企业成为一个整体。这种整体思维需要一种超越个体的管理体悟能力，企业需要超越个体认知的流程设计，也就是说，在企业组织中，即使个人抗拒，也需要完成流程下应完成的任务，每个人都要适应组织流程。

在企业管理的历史中，"调度型流程"是工业制造业企业的主要工作流程，这是中心化的内控管理方式。这种组织内控管理相对比较简单，适合很少存在条块的分割问题的情境，强大的生产计划部门统领一切。

有些企业自建销售网络，生产和营销一体化管理，这是企业内控管理模式的一种，存在的原因，就是企业的业务比较单纯，没有形成复杂管理的流程，一旦多种业务更迭，要发挥人的主动性，这个流程就开始乱了。

现代公司管理的前身是标准化的工业组织管理，生产者多是以自我为中心的定位体系，这是企业的内驱框架，毋庸置疑，企业最初就是一种凭借企业家和管理者心智运行的组织架构，但随着市场复杂性和顾客需求复杂性的增加，内控管理系统就有了一个外驱力，绝大多数企业需要转变为靠外驱力主导的组织结构，将企业对外部市场变化的适应性放在首位，这就是一个新的内控管理系统的模型。

这样的变革在管理历史中，曾经引起一场场"企业地震"，那些"以标准生产为中心"的内控管理转变为"以顾客需求变化为中心"的新内控管理，很多企业在这种变革进程中，因为不适应而被淘汰了。

美国现代管理碰到了管理变革期，这些在长期竞争中能够存活下来的企业，对于部门"山头"有深切的体会，我们再看管理者杰克·韦尔奇的论述，他最重要的管理思想就是"推倒部门的墙"。研发、生产、营销等部门都需要在心里装下市场，并且有一种相对应的考核方式。

对此，企业应引入双核心价值体系，既让内部的人满意，也让外部的人满意。

条块分割的内控管理，本质是变革适应力的问题

企业绝大多数问题，本质上都是内控管理机制出了问题，人是生活在一种结构体中的，长期工作会形成工作流程惯性，一种组织底层文化的改变，其实就是组织本身的一场自我革命。

由中心化的组织过渡到以外驱力为中心的内控管理，是极难转变的过程，中心化的内控管理只向高层管理者负责，中层管理者的关注核心是高层管理者，同样，基层员工向中层管理者负责，判断一个人价值的标准，不在一个系统里，而在另一个人对其认知的表达里，这里体现了一种不确定性。事实上，过度中心化的组织无法建立组织信任，自危型关系对于企业变革而言是一种巨大的阻力。

从力学结构来说，一个向内负责的企业，其结构体系是指向坍缩的。所有人都对自己的工作负责，完成任务，但工作被整合到一起的时候，发现这并不是顾客想要的东西。这就是条块分割的内控管理所带来的后果。

我们依然需要标准化组织和标准化管理，但现在这已经不是一个完整的价值生成体系，从让自己满意的管理到让顾客满意的管理，中间的过渡期所遇到的问题，就是这些中高层管理者如何适应市场动态需求的问题，绝大多数企业已经失去了标准化制造的环境，即使在一家钢铁厂里，其产品也面临着无数的特种需求，这就是一种管理挑战。

条块分割的内控管理本质是变革适应力的问题，顾客的需求是个复杂

问题，这是管理者遇到的挑战。这种挑战是老一辈经营者没有遇到的新现实，我们说的需求，不仅是当下产品在市场中的运营情况，更重要的是准确预测顾客需求的能力，需要制订工作计划，前瞻性地做预期投入，从而和顾客在未来某一个时间点相遇。

因此，基于顾客需求的内控管理组织变革，不再是让员工成为一个标准化的工件，而是让员工成为一个发现需求和解决需求的人，并且将自己的贡献放置到新流程中。这看起来很抽象，我们每一个人不再对另一个人负责，而是对整个流程的顺滑性、创新性负责，因此，内控管理的激励考核体系必须进行颠覆性的变革。

条块分割的内控管理是管理实践中的普遍弊病，在向上负责制下，公司管理部门之间靠人工衔接，这种衔接的进程使单纯的流程关系变得复杂，成为"面子和人情"交换的场景，人际关系耗费了企业大量的资源，人与人之间常需要反复做无用功，这其实提高了企业的整体运营和管理成本。

近年来，有人提出"运营大于管理"的问题，认为管理的权重已经不如"运营架构"，实际上，运营是效能问题，管理是机制问题，我们要用机制来激励人，最终解决运营问题，二者是不可偏废的整体。

内控管理需要两个能力，一个是对现有业务的经营能力，另一个是基于企业现有资源的变革能力。过度中心化的企业结构更适合量产型的企业。而现在，增量价值多数来自创新，这就要求企业在客观上成为一个创新型企业。

所谓"山头林立"，都是过度中心化导致的管理后果，部门的高层领导者不在场的情况下，会失去监督机制，因此，内控管理结构的设计，需要衡量管理者不在场的时候，每一个人真实的价值贡献，这种以组织贡献为流程的精细管理，在施行的时候并不容易。

到现在为止，管理学界还没有一个普遍适用的能够穿透所有人价值贡献的考核激励制度，相对公平的考核制度能够解决组织中管理者个人好恶的问题，使企业从人性弱点驱动的组织变成一种专业人的事业组织，这是一种艰难的跨越。如果说"从商品到货币"是惊险的一跃，那么在组织行为中，"从个人命令到系统流程"也是惊险的一跃。

企业需要建立一种理解和思考商业世界的整体框架。所有的企业都活在对未来的预期中，管理就是适应这种预期。运营考验企业针对现有产品的灵活适应能力，组织管理则考验企业下一代产品的竞争能力，事实上，现在在IT产业里，迭代的时间点可能是几个月一次，这就是新的内控管理面临的环境现实。

交叉冲突和内耗问题

部门流程和顾客需求的流程发生冲突怎么办？流程和个人之间的交叉冲突问题，其实就是人的主观和事实之间的匹配问题。在稳态的商业环境中，内控管理保持十年不变，也没有多大问题，历史上曾经有过这样一段时期，经过稳态商业环境的经营管理者往往比较自信，甚至傲慢。这里的傲慢和生活中的谦虚态度不同，管理者的时间宝贵，不可能回应每一个人的请求，领导者和管理者最令人担忧的事情，就是系统性的傲慢，这是组织自闭的开始。

傲慢对于企业家和管理者来说，向来是致命的，即使一个企业有成熟的内控管理系统，一旦发生经营懈怠问题，也可能瞬间垮塌，即使一个已经运营二十年的内控管理系统，也会快速失能。这就是复杂系统所面临的情况，也是管理熵理论一直在阐述的事情，而组织失灵的问题最直接的表现就是交叉冲突。

交叉冲突其实是一种内耗的表现，企业内存在建设性的冲突是值得鼓励的，但是要讲底线，企业内部存在一定竞争因素，在企业管理中，我们往往会忽视这种内部竞争，现代管理学来源于西方的制度设计，在企业内部其实也存在一种"制衡轮替"制度，只不过，在经济活动中，不会将这个问题刻意显化，只需默认即可。

正常的内控管理就是企业权力从一个人过渡到一个系统，比如，一个上市公司创始人离婚，不再是个人的事情，而是公共的事情，系统会对创始人起到约束作用。企业创始人在面对复杂局面的时候，尽管很努力掌握企业的全部经营管理环境，但还是无法面对不确定性和复杂局面，因此，将权力过渡给精细化的内控管理，是一种管理趋势。

系统越是复杂，内外交叉的触点和连线就越多，内部上下，部门左右，企业内外，这些交叉领域可能涵盖了生产系统、营销系统及品牌系统，生产系统是标准管理文化，营销系统是绩效运营文化，而品牌系统是基于顾客心智的声誉文化，如何弥合是个问题。

以前，企业家精通生产系统，以为营销系统、品牌系统是和生产管理一样的模式，这就会造成系统性的文化交叉矛盾，几个产业规律综合在一起，如果管理者有一定的内审能力，就会做出更加专业的选择。

事实上，每一个管理者都可能因为抓住了经营的要素，实现了企业业绩的跃升，然后因为失去了对于企业整体的认知能力，管理就不再有效，变成不合格的管理者，交叉冲突在企业内会越来越多，相互不配合的情况，也会增多，这时，管理者就失去了整体性。

不合格的管理者是企业最大的内耗源

在给孩子们的文学作品中，永远都有英雄存在，企业内也是存在英雄的，只是存在于企业成立之初的刹那，后面就是英雄"解甲归田"的时候了，英雄隐退的时间就是企业完成系统盈利，并且完成企业"立宪"之后。

当然，这样的表达主要针对那些追求成为巅峰企业的组织，每一个管理者只能够引领企业的一段路程，"轮值CEO"制度就是消除交叉冲突的一种制度产物，管理的边界在不断地变化，轮值CEO让所有战略层的高管都有机会站在企业全局的立场，运用自己的知识地图和管理能力，共同完成一幅完整的拼图。企业领导层从一个人到一个共同体的转变，是组织能力的一种进步。

一般认为，轮值CEO制度概念源于印度裔美国管理专家拉姆·查兰，本意是要打造更加具备突破能力的领导者团队，认为企业在战略人才领域，应让强者相互扶持成长，相互竞争，从而在流程里打造出更好的领导者团队。

轮值CEO系统流程的设计模式有一个假设，就是一个"能人经济时代"的远去，系统设计为"集体智慧"，没有一个人能够全局理解庞大系统，因此，用一群管理者和领导者加上科学流程来替代"超级英雄"。

在案例分析中，人们总是喜欢阅读成功的管理案例，讲述案例的时候，往往会将叙事的视角放在领导者，这是一种错觉，从管理视角叙述英雄，其实是一种错误的叙事模式，英雄是难以复制的，企业对于英雄叙事应该保持警惕。

研究一些本来管理良好的企业面临的系统性失败，对于未来更加具有价值，当叙述失败的时候，人们才会关注系统的力量，将系统的力量和个人的力量做对比，从而发觉系统的强大和个体影响力的弱小。

詹姆斯·柯林斯是著名的管理学者，描述了企业管理者在巅峰之上的危险性，他将企业衰亡分成五个阶段：短暂成功之后开始自大——无节制扩大规模——劝诫无用否认风险——出现风险仓促应对——在应对无效之后，企业沉沦。

正如所有的文学作品都在叙述人生经验，企业管理者的叙述也是如此，他们将自己的经验强化成一种规律，在成功的原路径上继续做战略投入，试图将市场中的第二名打倒在尘埃里，但一些革命性的创新者逐渐出现，他们仍凭借自己的现实实力，否认存在风险；竞争对手和创新对手追得很快，已经占据了部分市场，团队到这个时候才考虑掉头，然后分兵冒进，徒劳病急乱投医，但这个时候又发现资源的局限性，努力了好几次，最后灰心了，开始沉沦，企业就此衰亡。

我们如果回头检视一下柯林斯的描述，会发现丧失有效性的管理者就是企业最大的内耗源，领导者具备给企业"立宪"的能力，在领导力丧失的时候，也有"废宪"的破坏力。搭建管理系统需要避免这样的事情发生。

在进行内控管理系统设计的时候，企业将企业家精神作为一种常态元素引入系统中，一个企业不再依赖于一个企业家，而是若干个具备企业家精神的群体，将企业家的创造力导入创新流程中，在企业的实践过程中，表现为对于人才的执着，能够容纳新人是系统生命力的根本所在。

出色的内控管理系统能够限制企业不同系统之间的交叉内耗，但系统之间、不同部门之间的这种消耗难以被彻底解决，这是管理的事实。

企业如何防止管理层的衰退，是内控管理的一个重要内容。这是领导者和组织之间的交叉冲突问题，需要系统来解决。

一开始，创业企业的核心层都是主观意志性的，这是组织力量的源泉，也是发展组织的核心目的。当企业发展到一个阶段的时候，就需要思考"如果领导者的决策不合时宜，谁能制约他"的问题。很多企业已经成立了研究院这一部门，对于系统性的风险和决策进行前瞻性研究，对于系统性决策进行推演，甚至在一些企业内部形成了"蓝军"，或者从外部聘请咨询公司进行可行性研究，这些都是流程设计的改变，对于减少交叉消耗，维持企业内控管理的科学性均有帮助。

在内部决策进程获得认可之后，企业面对市场时还需要进行一次认知翻转，我们今天的内控管理的核心思想强调"全员营销"，其实全员营销理论的框架，并不是"人人都是推销员"的设计，而是面向市场的"大一统框架"，不管什么部门，都应该建立响应式的流程，以顾客为中心，冲破企业部门的藩篱，用顾客需求将企业各部门连成一体。这种情况下，消除交叉冲突，最终无论是企业内的领导者，还是研发工程师，都由一根统一的指挥棒指挥，这就是顾客需求说了算，由市场验证决策的正确性。这里体现了对管理者进行限权的必要性。

流程的权威性大于管理者的权威性

管理者是企业的主人，还是某一类人才的辅助者？这是华为公司引入IBM管理系统之后，一直在思考的一个问题。结果可能只有一个，谁是最好的价值贡献者，企业的管理系统就服务于谁。管理层是服务者、赋能者，这是新角色。

每一家企业都有自己的战略贡献者，战略贡献者是企业产出最大的部门，而企业的管理层就成为这群员工的赋能者。这是一个价值排序的问题，将人从任人唯亲的环境中拉出来，进入贡献管理的价值锚点，在这样的方向上，企业不会犯下重大错误。

"流程再造"是企业发展中的关键升级过程。所谓流程再造，就是按照系统动力学的方式，重构企业的发展动力系统，找到最有价值的贡献者，让这些人为企业创造价值。

流程再造，在本书中的定义，就是重新设计企业的内控管理系统，使流程具备权威性，在实践中，大于管理者的个人权威性，重新回到组织的本意。一个决策不是"一拍脑袋"就定了，而是经过几方充分论证后，对于决策本身进行再思考，这在源头上减少了企业损耗。

国际上的大企业在进行流程设计的时候，会毫不掩饰企业的主导思想，比如谷歌和微软，从不讳言自己就是一个"工程师组织"，企业内有浓郁的工程师文化，"工程师在公司里拥有崇高的地位"，因此，管理层的管理目标就是为工程师服务。

从这些国际大企业的实践来看，内控管理流程是一个变阵系统，企业

内控管理洞见——数字时代由外而内的创新思维

一开始可能是一个简单产品型的公司，需要与之相适应的内控系统；企业在拓展全球市场的过程中，在保有产品驱动型公司的基础上，融合运营，变成销售驱动型的文化，二者结合，不要使两种文化形成交叉冲突，需要再一次进行内控管理的流程设计。

这些大企业在内控管理的流程设计过程中，意识到企业不再是一种单核文化主导的结构，大型企业的内控管理的实践就是多核化、矩阵化，一种文化，一种管理。从个人领导过渡到共同体领导的原因就是内控管理系统已经矩阵化。

以高层领导者个人的单核认知来面对企业矩阵化的现实，必然会出现很多"视盲症"，对于认知范围内的事情，会将其放大，对于认知之外的事情，会对其视而不见听而不闻。用单核能力运行多核组织是组织交叉冲突的主要原因。

拉姆·查兰认为，一个小商贩和超级大企业的 CEO 之间，经营的本质没有什么不同，但大公司在做事过程中，都会遵循一个原则——做出来的产品是顾客想要的。就这样一句简单的话，贯穿于这些巨型公司的全流程。在这样的战略概念指导下，经营者能够将异质的资源组合在一起，形成一个管理系统。

本书就是力图通过组织行为学的底层逻辑，去理解小企业如何通过出色的管理系统，经过流程再造，最终变成一个世界级企业。内耗是组织运行的必然，如何通过组织架构的变阵冲破部门壁垒，消减管理内耗，获得新的成长空间，是本书的主旨。

过度有序和内审的迷思

在当下的市场环境中，透明化竞争已经是一种现实，很多量产型企业组织企图保持一个稳态，但这样的追求越来越脱离实际。

很多企业越来越接近利润归零的高墙，对于企业来说，外部环境越困难，企业管理制度越严格，管理者的经营直觉总是这样，在业绩不好的时候，会认为这是员工懈怠造成的，因此，一家公司在崩溃之前，往往会强化内审制度。

企业内审行为是必要的，一般内嵌在流程中，对于企业的决策和业务进行跟踪，在数字化时代，内审已经嵌入企业的管理系统软件中，内审伴随着企业的所有流程，这是企业进行风险控制的一道过滤器。内审制度的完善性和实时性，是企业管理者进行决策的依据。通过企业内外的大数据融合以及对于经营总体情势的判断，内审制度搭建了超越财务领域的一种效益和风险评估系统，可以这样说，在整个内控管理体系，内审制度是一种预警系统，更形象一点说，也可以被称为企业远程雷达系统。

关于企业内审制度的几个比喻

对于国际上很多大企业而言，其内审系统是一个庞大有序的战略和战术机构，是企业大脑的神经元群体。有人认为内审就是"查账"，事实上，内审制度是一种信息探测和管理系统，企业的关键领导者的管理、财务安全、远见、战略和战略预警、领导力和文化，都蕴含在内审制度里。

企业的战略内审人员或者部门，对于企业下一代技术产品，未来的全球市场竞争环境变化，以及市场反馈回来的机会信息等起到决定和指导的作用，经过大数据过滤，需要专门的分析师进行分析，形成战略报告，而战略报告往往同时由若干人提供，内部和外部都有，形成不同的视角，甚至会出现矛盾点和对冲点，让企业领导层在矛盾中进行再分析决策。

在市场中，很多咨询公司就是做这个业务的，在参与数据分析的过程中，保持各自的客观性，企业要认识到战略报告的重要性，和决策损失相比，内部审计脑库和外部脑库的报告成本是九牛一毛。

战略内审部门就是企业的预警雷达，很多企业没有战略内审部门，只有决策人，要知道，在企业业务的开拓性和远见性之上，这是世界级企业的必需装备。

企业是一种多功能的矩阵组织，现代大企业更是若干个部门和上百个项目并行的多线程业务体系，整个业务线的危机与风险预警远远超越了高层管理者的关注范围，因此，这样的预警机制应建立在一个项目单元上，关注的是中期业务的流程和问题，做一个比喻，内审部门会针对不同的业务单元进行特殊构建，形成单元项目回路，战略内审机制相当于为每一个业务单元配备一架预警机。

经营内审部门，也就是系统修补的价值系统和一般市场危机的预警系统，及时为企业价值创造部门发现管理上的漏洞，建议管理层进行内控系统的修补和迭代，从而改善整体运营能力，提升风险管控水平，达成战略与业务目标。

内控管理系统自身的完善是一个渐进的过程，随着数字化、智能化的发展，财务内审随时可以进行，甚至只需敲击几个按键，但在战略层面的内审价值长期被忽略了。

内审体系可以对企业的以往决策进行连续战略复盘，通过复盘，找到企业深层次的运作机制，目的就是在未来向上攀升。战略内审是面向未来的，也是面对过去的，一切经营最终靠整体系统的适应能力。

以打造适应能力为主题的内控管理，是本书的焦点。而适应能力要求管理有足够的宽容度，既要固化，又要反对僵化，这就是管理的矛盾性，"一管就死，一放就乱"的矛盾性考验着当下的管理者，需要管理者拥有对异质的资源具备跨界包容的能力。

可控和有意识的开放失控结合，是流程再造的新哲学

在某些事情上严格按照流程走，在另外一些事情上给予员工更多的自由，在一个组织内，存在两个不同的空间，新管理模式要求管理者自己在内心消化这种矛盾性。有人工作是工作，有人"不工作"也是工作。

在约瑟夫·熊彼特时代，竞争还没有如此激烈，产品更替的节奏要慢很多，而对于今天来说，内控管理系统内部却需要设置一个鼓点，这就是创新的节奏。就像芯片业在过去几十年中一直遵循的摩尔定律，就是一种产业创新迭代的节奏。节奏不对，一两个小周期下来，企业就危险了。

熊彼特创新理论是管理学的基础课程，他将创新理解为生产要素的重新组合，将旧要素组合在一起，只要产生新价值就是创新。在今天，我们的创新管理遇到了新情况，旧的组合已经被企业普遍用过了，商业模式的创新带来的成果越来越有限，因此，管理创新、技术创新和模式创新同时发生，才能够形成一个新的有竞争力的体系，比如字节跳动的生存策略。我们需要将成熟元素和未成熟技术元素进行战略组合，做出真正创新的事情，对于很多大企业而言，这并不是容易的事。

内控管理面对越来越模糊的未来，管理环境的变迁下，我们需要什么样的管理系统和哲学来匹配呢？

熊彼特谈论创新的时代是典型工业时代的管理，那时候，创新是在生产过程中产生的，今天，技术创新的背后是一个高度集成化和复杂化的知识系统，生产过程能够进行的技术创新都是改良性技术，比如手机触摸屏代替键盘这种技术系统。在此基础上，企业需要综合决策系统，进行颠覆

式创新。

一项具体的创新项目，往往是若干个创新单元进行的跨界知识整合，比如提高太阳能电池的能源效率问题，就涉及基础科研的实验室科技专家的成果。

一个过度有序的组织形态，已经无法适应当下的市场环境，有些企业之所以缺少适应能力，恰恰是因为管理体系太健全，没有人愿意去做目标模糊的事情，谁都愿意去做标准的、稳定的、结果可控的事情。而这种企业文化注定只能找到"求稳怕乱"的团队。

按照熊彼特的观察，创新文化是"踢人饭碗"的事情，自带变革性，一边创造一边毁灭，涉及的人是否容忍这种"砸锅"的行为？这是值得怀疑的。因此，创新基于生产又高于生产，从顾客需求到产品实验室，再到研发和原型机制造，一切注定需要由一个独立部门去完成。

营销部门、顾客社区、标准生产者和创新者需要放在若干个内控系统中，各自完成自己的职能，而且能够整合在一起。营销的工作是努力干出来的，"军令状"在身，是业绩承诺；标准生产者关注的是高质量，成熟产品讲的就是保质保量；但在创新部门，却要求这些人保持最大的开放性，这就是内控管理的多元进化的现状。

过度有序，或者有意失控，一个死守流程，一个做开放式创新，这需要两种不同的内审系统来面对不同的人。对于专家型员工的管理，彼得·德鲁克给出一个激励方式，那就是将人放置在人才群体里，表彰那些取得创新成就的人，模糊复杂的远景只能通过激发人们的底层愿望来实现，从而使这些专业工作者产生自我驱动力，敢于向未知冲锋，激励系统的设计就变得至关重要。内控管理不是事事都有章法，这里体现了一种独特的管理规律——没有定法，只要有效。

内控管理不能忽略人的成长性

企业组织有意思的地方就是人的成长性，企业的资源本质上是人，在面临挑战的时候，企业只能够依赖专业的人才队伍，通过管理变革、运营策略调整来应对外部挑战。内控管理到底是让人在环境中更加舒服，还是约束人的行为，这是值得思考的问题。

在管理史上，内控管理谈及的内容多数是对于量产型组织和产业工人的管理，只是近年来管理的主要对象是专家，也就是彼得·德鲁克提及的"知识工作者"，而产业工人群体，则正在被技能型员工和机器人替代。今天，管理领域已经带入了更多的"人文性"和"人道性"，显性知识不再值钱，富有潜力的隐性知识需要挖掘却不可知，因此，专家员工的"自由和效率"就成为摆在时代面前的管理难题。

很多企业在使用人才的过程中，仍然沿袭着工业标准组织的习惯，还延续着生产线主导的思维方式，认为少了任何一个人企业都能正常运转，而不是以"个体的人"为管理的出发点，这样的管理颗粒度则太粗大。事实上，在某一些战略创新管理领域，几个关键人才一旦离开，企业就走下坡路了。

内控管理，在知识管理领域，以保持人的成长性为管理的目标，知识管理已经成为企业运营的重要内容之一，而很多中小企业对于此依然缺乏认知。

重温米塞斯的比喻

作为人类经济史上公认的社会经济学大师，路德维希·冯·米塞斯，是一个对于现代经济发展观念有巨大影响的人,被很多年轻人称为"职场解放者",他强调给予员工更多的自由以释放人的潜力,为现代硅谷很多大公司的内控管理制度提供了思想源泉。

米塞斯有一个扔石头的比喻很有意思,在经济学领域,人们倾向于衡量可以衡量的部分,但有意对于不可衡量的部分视而不见,因此,可以衡量的部分是确定性的事情,将其比喻为石头;将不可衡量的部分比喻成人,人是不确定的,一个能发挥潜能的人,可能是组织最大的变化因子。

这个比喻很简单,将石头扔进池塘里,石头肯定是沉底的,其行为是可以预测的;但是要往深水池塘里扔一个人,情况就完全不同了,如果这个人被捆住了手脚,那么在被扔下去后和一块石头没有什么两样,肯定会被淹死;一个不会游泳的人,被扔下去,会呼救,会挣扎,如果没有人搭理,也会被淹死;但如果是一个会游泳的人,他就会游上岸,而游上岸的方式不需要他人来规划,甚至,他完全可以将这样的行为,当成一个炫技的过程。

米塞斯往池塘扔石头和人的比喻,体现了人的应变性和灵活性,体现了管理价值。市场经济和企业管理的精髓其实就在这个应变性和灵活之中。

面对未来不确定的经营环境,内控管理系统的设计中需要找到正确的人,将这样的人放到模糊的环境中,给予资源,让他们放手干自己的事情。米塞斯认为,这样的经济行为,可以引导出一个相对完美的自由创造的系统。

当下的管理者认识到,"内控管理"这个词已经概括不了企业在知识管理领域的行为,越来越多的战略核心资源源于一种"内生资源管理"的新概念。外向整合到的资源,核心竞争力还在别人手里,只有自己企业生成的核心竞争力才能和整个价值链构建一种合作制衡的关系。

早期,一些生产线上的监工竟然手拿鞭子在车间巡视,对于一些工人进行惩罚；现在却需要在企业内建立一个空间，在这个空间，员工有支配自己的时间和资源的自由，谷歌提供了20%的时间，让工程师去做属于自己的工程项目，建立知识共享机制，将知识管理融入企业管理流程，以及推行知识管理文化。

管理者需要理解知识管理在整个内控体系中的安置方式，要想成为一个知识驱动型的公司，资源就在员工身上，他们对于技术和知识有独特的认知，用强大的工程技术可以为企业带来更具颠覆性的东西。

事实上，有些现实中的管理者认为技术专家就是一种工具，而不是一种可以进行连续创新的资产。管理者过于看重"服从性"而忽视了"自主性"，因此，企业用不好人才。而从中长期来看，凡是用不好人才的企业，都没有未来。

当然，企业内部提供的自由空间，是针对正确的人的。企业在经营过程中，只需要找到有成长性的人，而不是将原来就不爱进取的人培养为有成长性的人。选对人是实施有效管理的前提。

理想的内控管理制度运行表现是集体自律

你如果问一个管理者怎么管理好公司，他的答案一般是设法找到可以进行自我管理的人，如果一个人没有内驱动力，组织的力量也带动不了他。因此，管理的价值在于组建可以进行自我管理的团队。在内控管理系统中，关于人力资源的部分就要明确提出，组织需要那些能够自己主动完成工作的人。

次一等的管理行为就变成了两种人的博弈：一种人遵守规则，在规则内竞争；另一种人则跳出规则，通过灰色手段进行竞争。很多缺少人才资源战略模块的企业都是这样的组织结构，这种甲壳结构的企业不在本书讨论之列。

集体自律的组织结构就像一个完整的生命体，生命体的运行是极其规则的，其 DNA 结构是最为稳定的结构体系之一，复制出错的概率很低。原因就在于复制过程的内查机制，每一个碱基对装错了，就会被 3~5 个核酸外切酶活性切除重装，重装完之后，还会有第二次系统检查，出错再重装，任何一个碱基对的对接都有 6~10 次的检查机会，这就是生命体具有自我管理精确性的原因。

因此，检查是生命体得以具有如此精准性的根本原因。这就是在管理逻辑上，企业为什么需要寻找能够自我管理的人，这是一流企业都在做，但是不会说的事情。一个企业拥有了完善的内查和内审机制，管理者安心做一个赋能者就可以了。

每一个企业的内控流程文本都十分完善，但文本完善没有什么用，部门之间建立了高墙，沟通困难，造成了很多不必要的内耗，到了个人这里则体现为专业技能水平不足，不按流程作业，或者在领导眼皮底下事情能够干好，不在眼皮底下，事情就做坏了。这本质上是因为企业有做事过程，没有检查迭代成长过程。

自由是一种"安人"和"安心"的管理表现，传统的管理更多谈及的是"定人定岗"，而"安人安心"的管理哲学，则是在建立"人才过滤器"之后，是一种组织信任。

建立企业内部信任是一个战略工程，企业外部充满不确定性，但企业内部需要充满一种相对的稳定性，能够做到什么程度，是企业自己努力的方向。

"完美"制度带来无责任失败

管理是一项重要的发明,也就是詹姆斯·柯林斯所说的"社会发明",是一种将人组织起来的技术架构。

这里就产生了一个问题,我们需不需要向世界级企业学习?答案是既要学习也不要学习。组织形态是一个万花筒,每一个企业组织都有自己的结构。因此,不同的企业组织彼此借鉴,是一种务实的思考,只要保持这个阶段是有效的,管理模式就是成功的。

在管理中,没有所谓的"完美"制度,一切都在变化和迭代中。

我们需要警惕一种"不消灭问题,但消灭人的创造性"的"完美"制度,通过对企业发展周期的观察发现,在企业发展的成熟阶段,企业内控管理上会产生同样的集体思维倾向。

从柯达案例看成熟管理系统的集体思维倾向

在企业组织中,变革管理和创新管理是最考验企业组织能力和领导能力的一种标志,任何变革都会伤害成熟系统的短期直接利益。

就像柯达面对数码相机的态度一样,尽管柯达是数码相机的技术工程探索者,但自己企业的资源结构和过往的技术优势都锚定在感光胶卷上。其管理系统在遇到战略困境的时候,恰恰是效率最高的时候,但在战略困境面前,执行被强化,战术性的效能只会带来更大的组织惯性。合格的管理者一定要时时和这种组织惯性作斗争。

企业内部的观念斗争是相对平和的,斗争性是组织的一种内在特质。为了做正确的事情,组织内部需要保持一定的对抗性,一个组织的兴旺需要管理体系的合理性，管理体系需要被执行，但当这个体系中大多数人都开始保守，注重短期价值的时候，谁来做中兴的事情呢？因此，在历史上，任何变革都需要克服阻力。

有人可能认为，即使柯达第一个做数码相机，这也只是一种续命行为，因为整个数码相机市场已经不如以前了。假设柯达做了数码相机，到了今天也要转型，这个企业今天会是什么样子？

事实上，企业组织本身所有的作为，都是在为组织续命、转型和创新，并不能带来更好的绝对保证。

企业能发展到什么程度？也许短期三五年的变化能被预测，更长的周期则无法被预测，但企业生存下来，甚至可能成为某个领域的领军者，这就是企业的魅力。

很多曾知名的大企业消亡了，也许用不了十年，当今大企业的排序就会发生剧烈的变化。在这些已经消亡或者即将消亡的大企业中，竟然找不到一个主要责任人。"完美"的制度，保护了企业中的人，没有人对转型失败负责。

崩溃的组织中每一个人都不是无辜的，他们曾经是企业的构建者，到了后期也是企业的拆毁者。

第二章　内控管理目标迁移简史

内控管理系统是一个不断适应外界环境的动态结构，这是一个由简单到复杂的历史进程。内控管理的管理系统一直在变，早期企业一般执行着单一的目标管理；现在很多企业除了目标管理，还有更细腻的过程管理；少数企业已经进化到目标管理、过程管理和未来管理相结合的进程。

纵向计划和内控职能管理

内控管理的职能是什么？企业该如何实现合宜的内控职能管理？实际上，很多企业在设计管理系统的时候，就是为了一群人在一起分好工，做好事情。内控管理在实务上起到一种内部分工协作的作用。

分工逻辑是工业组织的核心环节，在工业制造业组织中，专业化和专人专事是组织运行的核心逻辑，分工产生专事，专事产生独特的知识，继而产生高效能，工业组织将这种高效能的个体联结起来，变成一个事业整体，这是典型的"纵向计划模式"。

对于制造业企业而言，稳定输出标准质量的产品，保持每一个技术岗位的专业性，同时保持制造流程的高效性，三者需要稳定的操作队伍和相应的内控管理体系。车间主任的职责就是稳定这三者关系。制造车间不需要思考变革性，而一旦发现流程的问题，需要战略管理层进行实验室测试验证，才能够进行再固化，这是生存流程计划性特质。这些所谓的传统管理不但没有消失，而且越来越体现出基础性和根基性。"纵向计划性"对制造业组织而言是标准系统，一般不会改变。

巨大的工厂管理，比如一家汽车厂，整个企业建立垂直一体化的内部架构，绝大部分零部件都是自己造自己用，后来一些单元逐步独立出去，就形成了一个汽车城，比如曾经的美国底特律。

打败底特律的是另外一种模式，典型的管理系统就是丰田"精益管理"，这事实上已经是一个"大工业组装厂"。企业内的物流、信息流和人流按照节约化的原则，按时按点出现在同一个数字化的网络中，彼此可以提前看见，彼此可以提前协同。全产业链协同、精准对接和定制模式打败了垂直一体化管理。这就是纵向的计划性。

今天，我们可以将"精益管理"理解为智能物联网。这已经成为一个规模企业普遍的管理工具。

内控系统设计需要完成人与事的精细过程管理

一个高价值管理系统不是从天而降的，而是一种不断迭代的完善过程，内控管理系统是一个技术系统，也是一个"抽象的机器"。内控管理的主要职能就是帮助企业完成任务和目标。

一般来说，在管理学中，任务代表过程管理，目标代表结果管理。管理者一个重要的工作方式，就是将计划分解成进度条和小目标，在执行计划的过程中完成纠错和修正的功能，特别是制造业企业，分工之后，由技术工人进行质量自检，将不合格产品找出来。在制造业企业中，制造过程和检查功能是完全一体化的，每一个零部件都经过严格的耐受性测试，此后经过模块测试、整机测试，才能够获得一张合格证。

计划阶段、设计和执行阶段、检查阶段、处理阶段，都是不断反复的内查过程，严格的过程控制关乎制造业的质量管理，质量管理的内核就是检查再检查，改进再改进。

很多人都很熟悉质量管理专家戴明，戴明循环（PCDA循环）就是非常重要的系统性的质量控制方法。PCDA循环，代表计划（Plan）、执行（Do）、检查（Check）和处理（Act）四个环节，使整个质量控制进程中，瑕疵越来越少。

那些内控管理良好的工业企业会产生知识库系统，将所有知识统一存储，并设立知识管理员，维护知识库；可以组织知识分享会，利用技工学习组织讨论等方式进行知识分享；可以建立知识搜索功能，方便员工查找知识，能够规模培养技术工程师。

而以上这些，就是纵向计划企业的一般管理过程。

在工业时代，纵向计划体系之下，还有一类组织，他们能够输出管理，管理整个供应链，这一类企业虽然没有工厂，但实际上起到了"工厂管理者和品质控制者"的实际作用，典型的案例就是香港利丰集团。虽然香港利丰集团是一家贸易集团，但其精细管理已经渗透进供应链的每一个细节，其内控系统十分完善。尽管企业经历百年风雨，加上数字化时代的环境动荡，先进管理系统已经普及，但其在企业内控管理历史上，仍占有一席之地。

对制造业主导的企业而言，内控管理系统的管理流程，具有足够的坚固性，我们不能够要求一家建筑企业灵活改变其内控管理流程，也不能对矿业企业进行更快速的流程变革，制造业企业的内控管理流程，在一百多年的时间里，其基本原则没有改变。

横向计划和链式职能管理

智能互联网打破了纵向计划性,让企业内的分工部门直接和外部优异者进行竞争,在标准系统里,一切都变成了对标体系。企业利用信息网络,实现了对全球供应链的管理,这是在企业内控管理综合效能领域的一种变革,也创造了世界经济史上的一个黄金时代。

过去50年里,由于经济和社会环境的发展,投资者对于高端产业的自信心增强,一般工业企业可以在全球进行资本布局和产业布局,一个普通的企业如果要保持全球竞争能力,就需要管理全球供应链,因此,基于横向计划内控管理体系建立起来。

企业从垂直一体化的内控管理,逐步过渡到半开放的内控管理系统,继而在最近十年里,产生了一种无边界组织的新概念。企业将一些成本高的部门迁移到发展中国家,以形成一种新的成本竞争力。一些没有竞争能力的企业部门被关闭或者转售,这就是发达国家的"去工业化进程"。去工业化进程的深入也塑造了今天的现实经济世界。

我们一般将横向计划的内控管理模式等同于供应链管理,也就是说,供应链管理是过去半个世纪最重要的管理理论之一,并且,在任何效能竞争条件下,供应链管理必然是管理的最基础单元。也就是说,能够管理好一条供应链,才有资格参与竞争。

轻公司、微笑曲线和全球分工体系

制造业管理是一种繁杂的事情,满是油污的工作服、长达十年的技工训练、无穷无尽的重复劳动、无数的工艺瑕疵和改进……任何一个制造业企业一旦放松内控流程，很可能会引来一场市场灾难。而且随着竞争的激化和利润平均化，制造业的沉没成本越发巨大，一旦企业决定外移一个制造业部门，管理层立即就会发现，流程顺滑了很多，而且利润水平还提升了。

20世纪70~80年代，美国的中高端产业也禁不住对于复杂管理制造流程的厌倦，以及全球制造业分工所产生的更高利润的诱惑，资本市场对短期效益的看重，使芯片制造和若干精细化工等中高端企业开始外移。诸多全球跨国公司变成了庞大的"全球帝国"，事实上，横向的供应链管理实现了"用别人的资产做自己的生意"，极速放大了这些公司组织的力量。供应链管理成为主导型的管理模式之一。

众多巨型公司都在变轻，IBM就是从制造业企业转型为全球供应链和价值链管理的服务公司，也是一个典型的案例。完整的企业价值链在分散，公司也在变轻，而知识和知识产权，以及制造一个合格产品的研发流程、品牌和高端服务，成为大企业需要把控的核心环节，其他供应链和要素置入一个完整的价值链管理流程中，而最复杂的过程管理进程，因为不赚钱，被外移了。这就是著名的"微笑曲线"理论，这也是"轻公司"的背后理论逻辑。

互联网是全球分工体系的加速器，一个车间无论是在办公室100米外，还是在地球的另一端，管理层进行管理的时候，只需要精细的过程控制，其实并没有什么区别。熟悉流程的管理人员被派往全球各地，客观上，全球分工体系对于管理输出的价值贡献是巨大的。

在本书中，笔者将内控管理由一种多层次的科层制系统，变成了一种链式职能管理，当今，大多数企业需要过渡到一种基于网络的动态管理结构，供应链和顾客市场营销管理已经合二为一，变成了一个完整的价值链。

质量控制依然是供应链管理的重要环节，跨国公司会进入外包工厂的生产线，提供先进的检测方式和检测设备，基于互联网的数据会源源不断地进入管理系统，人工智能能够对全球制造过程进行精细掌控，这是大数据和人工智能的融合，增强了企业对于全球复杂供应链的掌控能力。信息技术改变了组织，也改变了内控管理的形态。

内控管理的流程变迁，逐步演化为精益生产和整个供应链管理，内控管理流程开始强调内部流程和协作者的关系。

战略管理带动内控效能管理

尽管战略管理概念已经传播了半个世纪，直至战略管理被纳入内控管理系统，才成为近年来管理圈讨论的重要话题，打造核心竞争力和构建企业优势都建立在企业定向选择之上。这是"低头拉车"和"抬头看路"结合起来的一种管理思想。

战略管理的核心是做什么不做什么的选择，战略就是取舍，是"做什么不做什么"的一种行动。规范了企业的一系列管理行为，使企业成为一个专业化的企业，在某个细分领域占据领先优势。企业的价值就建立在这种优势之上。

人们常用"战略懒惰和战术勤奋"来形容一些缺少趋势认知，但埋头做事的企业，这里有一个双层结构的假设，一层是战略效能管理，另一层是战术效能管理。二者都在提升企业效能，只不过一个是直线思维，另一个是曲线思维。

从中国的企业管理系统来看，中国拥有数量庞大的中小规模企业，这些企业在一般内控管理方面没有什么问题，在企业管理阶段，一般处于"成长期和扩张期"，正在向"转型期和衰退期"转变。过去二十年来，大部分发展到这个阶段的企业，在一般效能管理阶段，发展就停滞了，这样的案例很多，短命的企业都有一个特征——"沿着一条路走到黑"，直到利润归零和资产价值大幅贬值的时候，才会想到要转型。

战略管理的思考则不同，战略管理是跨产品周期的思考，这是一种超越一般管理模式的雏形。

在战略管理的历史上，第一次提出"公司战略"词汇的人是安索夫，这种以超越当下竞争构建未来企业优势的系统框架，对于世界级企业发展产生了深远影响。面对混乱的环境，企业需要引入一种"权变理论"，企业的内控管理需要遵循外部环境的变化，因变而变，眼光向外再向内。

彼得·德鲁克在讲述管理者职能的时候，也讲述了类似的观念，管理者是企业现实资源和企业未来资源的平衡者，"企业和社会功能的结合"大于企业的独自基于自身资源条件的努力。战略是企业基于社会需求的变迁，重新进行资源整合，这是管理思想史上的一次翻转，这意味着企业不再是独立运营的主体，而是整个社会需求网络中的一个节点。"主体思维"被抛弃，对于企业内的"帝王"是一种冲击。

战略管理的内涵就是让人敢于做事

为了让人记住管理者在战略管理层面上的价值，安索夫对管理者提出了一种近乎绝对化的评判："每一次管理的成功都是管理者的成功，每一次失败都是管理者的失败。"企业的衰败往往是从管理层开始的。

任何企业都将效能管理放在管理的核心位置，而"兵分两路"注定是管理者的失误，企业如果过于现实，就扼杀了所有的未来可能性，应该说，将企业管得死死的，不能算是一种本事，企业不应该成为一个"肃杀"的组织形态。"开放、诚实和专业能力"应该是每一个变革组织的基本品质。

在战略管理上，著名管理学者查尔斯·汉迪的"第二曲线"理论描述了企业必须兵分两路的刚性原则。随着产品周期缩短，一方面企业的盈利时间段在缩短，因此，在短期内赚大量的钱是企业的一种共识；另一方面，必须加紧对下一代产品的部署，甚至做超前部署。

战略管理者和流程管理者不同，真正能够将战略管理者文化置入内控流程中，一种"自由和效率"的模糊认知系统能够扎根，并不是容易的事情，这是很多企业活不过一个产品小周期的主要原因。

内控管理的设计原则，就是激励人敢于做事、善于做事。而对于大企业的创新文化建设，则需要制度性的东西。

有一定基础和规模的企业必须引入战略管理，使之进入企业的内控管理流程，变成企业一个系统性的管理模块。"远见管理"成为企业的一种实务，认知需要和实践结合，即使碰到失败，也不要轻易退缩。

战略管理是一种曲折的路径，军事思想家李德·哈特和他的间接路线思想对管理学也产生了巨大影响，全球最佳商业实践已经证明，崩溃从来就是从局部失衡开始的，现实和未来失衡是企业管理中失利最多的领域。而一流的战略管理者，时刻保持着企业的这种平衡，然后等待和创造机会，让竞争对手丧失平衡。

现在很多内控管理系统已经有了很强的风险控制意识，战略管理本质上也是一种面向未来的风控，是在不确定性的环境中找到自身确定性的元素。战略效能管理能够给企业带来下一个大成果，这种"头过身就过"的探索型模式正在日益成为企业运作架构的一部分。

内控管理的全价值链协同进化

在很多企业的管理实践中，管理等同于效率管理，管理学界甚至流传这样一句话："坚持效率管理没有副作用。"这其实还是一种直线思维，在"适应力为王"的时代，先考虑适应力，再考虑效率的问题，往往是一个更好的思路。

谈到适应力，就需要面对企业要适应谁的问题，经营框架从"产能效率"过渡到"需求响应效率"，这是管理学基本思路上一次重要的转变。

在全面过剩时代如何实现高速增长？竞争获利已经变得艰难，在这种环境下，一些管理者还在努力适应市场的急速变化，努力转向以顾客需求为核心的新系统，并且充分利用新技术，将网络化、平台化、信息化与智能化技术融合进来，使企业成为全球经济的战略协同者。

当今，协同的价值已经大于内部分工精细化的价值，因此，管理者务必将整个企业搬迁到一个高价值的价值链上。

人们将"结构性过剩"提出来，就是直接面对"总需求约束"的外部条件，事实上，我们面对这样的竞争体系至少20年了，未知和不确定使固态的内控管理失去了意义，使其固体变成了一个具备弹性的结构体，这是一种"弹性领导者"构成的价值体系。

结构性过剩时代内控管理如何推进顾客价值创新？

企业如何在一个过剩的市场中顽强生存下来，是一个时代难题。因此，供应链管理不再是一种核心能力，而是变成了一个内控系统的单元。

我们今天遇到的顾客往往见多识广，并且善于应用信息技术，因此，企业的任何不诚实都会被惩罚。管理系统需要将顾客纳入自己的"外部管理系统"，形成一个完整的价值链，在价值链的思想里，企业是企业内的有限资源和外部的顾客基础共同形成的一个场域。企业和顾客之间的互动能力成为管理的新要素。这是现实，国际大企业更早面对这个现实，因而形成了全流程的品牌管理概念，将形成内外共识的品牌作为价值链运营的核心。

主动接受顾客群体的需求约束总比被动接受要好，一些企业开始从"流程性组织"向"顾客共生性流程性组织"转变，这是在结构过剩时代屏蔽竞争对手的一种策略，也是规模企业必然要走的一条路径。

从内部精细管理，到顾客精细管理，进行"内部挖潜式的内控管理"，很可能会导致一个后果，就是企业做的东西并不是顾客想要的，这是一个巨大的内控管理陷阱。基于顾客精细需求的正反馈可以作为企业内控流程。

不管宏观环境有多残酷，每个企业都可以在微观经济中创造自己的市场环境。全价值链协同理论不仅对大企业适用，对中小企业同样适用，理解这个系统关键的着力点可以用营销之父飞利浦·科特勒一句精彩的短句表示："未来的营销是朋友告诉朋友。"企业需要建立"朋友告诉朋友"的组织结构体。

全价值链思维意味着企业的底层哲学是相互依存理论，需要对外部资源和顾客给予足够的信任度。包含顾客的全价值链管理，需要一种开放式的反馈系统，企业的关键资源排序已经发生了变化。企业决策中心前移到顾客界面，而不再停留在办公室内，这件事让管理者痛苦，但痛苦之后，想通了，也许组织流程就顺了。

在新的组织能力中，对于管理者的挑战更多来自心灵领域，这是对管理层的自我挑战。其实，组织能力的背后是完善的管理制度，用制度来发挥人性的善意。

关键资源排序和企业信息正反馈系统的构建

企业在全价值链系统中考虑协同因素，管理者会发现一个新事实——原来企业内部坚守的一些东西，其实是无关紧要的资源。管理者对整个价值链进行审视，新的现实就会很清晰地呈现在面前：对于全价值链协同组织而言，关键信息和信息认知能力毫无疑问会排在第一位。原有的经验只是自己的人生，不是顾客的人生，以顾客为中心，自己的感受和坚持不再重要，且自以为的核心能力其实是众多市场能力中的一个节点，甚至因为市场变化，也丧失了部分对于产业的理解力。

这是现代信息战争和信息企业实践给出的结论，企业需要一种精确管理全价值链的能力，这种精确来源于精确的信息认知能力。精确的信息认知能力不是一个中心，而是一个界面，是企业和顾客的整个接触界面，因此，对信息界面的管理显得尤为重要。

企业自己的资源和供应链上的所有资源都需要调整到满足顾客界面的事实上，这满足了管理学的一个最基本假设：管理就是根据事实做决策。在达到这个假设要求的基础上，可以构建下一代组织。

持续的信息正反馈是组建适应力组织的核心要义，也是信息化、智能化、网络化的目的。成为强适应力的组织，就是让企业转变为一个学习型组织，成为快速迭代自我的企业，其实这一过程中企业最需要的就是真实的反馈意见。反馈使人进步，真实的反馈在发展过程中是最有价值的一件事情。企业需要找正确的人提意见，顾客群体就是提意见的人。

内控管理决策增强环境适配能力

管理者有且仅有一个战略工具，这个工具就是构建一流组织的能力。引领思维和组织能力是一切事业的起点。对于组织能力，甲壳型企业一般意识不到其重要性，对于具有一定规模的企业而言，其管理层会将之视为关键。

我们在观察组织变化的时候会发现，真实信息的传递能力和传递速度决定了组织运作决策效率，而决策是组织运作的关键步骤，因此，信息能力是企业运作的基础能力。

著名管理学者赫伯特·西蒙的核心观点是："管理就是决策。"这说明了企业决策质量在企业组织运行过程中的核心地位，领导者和管理者的价值就体现在对内外环境信息的高度敏感性。所谓环境适应能力，在本质上是一种对有价值信息的捕捉能力。而组织和组织能力则是管理者的力量来源和力量基础。

一个优秀的管理者和一个普通人有什么区别？最大的区别就是一个懂得组织的力量，而另一个对组织这个概念毫无知觉。胸中自有百万兵，这样的说法其实就说明了这个人具有强大的组织能力，一个优秀的管理者更懂人性，懂得如何驱动他人，从而完成一个具体的目标。

没有这种组织专业经验的专业人士，基本上就是一个做事的人，他要事情做到极致。在这两种行为的背后是两种完全不同的世界观和价值观。虽然都是组织需要的人，但一个是被组织的资源，一个是资源的组织者，这个过程中也就形成了协作。组织的本质就是让人和人在一起，形成协同能力，形成一个有目的的团体。

现在，要打造有适应力的组织，就需要打造一种动态的整体协同能力，由于传统体制的思维惯性太过顽固，企业内控管理需要时时与这种组织惯性作抗争。

典型的科层制组织和掩饰真相的PPT讲述者

科层制组织的内控管理是多层次的体系，从"信息控制论"的角度，这是信息接力式的组织形态，信息在多层管理者之间传递，每一个层级的管理者均加入了自己的理解，造成信息扭曲。

科层制组织在处理标准业务的时候简单高效，但在高度变化的环境中，信息扭曲造成的决策后果是很严重的，企业的内控管理失灵的原因，在前文中已经讲述了，失去了信息认知能力的组织，也就失去了对于环境的适应能力，大部分企业衰亡都是因为让高层管理者成为扭曲信息的"被喂养者"，很多管理者生活在一种"人造信息环境"中。

因此，在打造有适应力的组织的时候，高层管理者的诚实是一种最基本的品质，敢于直接面对企业运营的不利信息，而且表现出乐于听负面的消息，这是一种基础的管理素养，凡事提前将所有的不利因素摆在前面，所有的高层管理者都不以"说好听话"作为关照他人的方式，在组织内营造一种讲真话的氛围，逐步将企业变成一个敢于面对真实信息的组织。

某企业的高层管理者在会议上，直接批评那些不敢呈现真实信息的人，他说："拿PPT和假大空词汇忽悠自己的人就是骗子。"

只有清醒的管理者才会意识到信息截流对于大组织的危害，而PPT这种高度浓缩的信息呈现方式正是管理者在沟通中进行信息裁剪的工具。因此，围绕企业核心经营要素的文字讲述和持续沟通，以及袒露心灵的真诚，这些在组织中被认为"天真和单纯"的品质，恰恰是高度适应力组织的关键管理行为。

企业的管理者既要知道"成熟管理者"化解困难的能力，也要一种"真实管理者"的能力。某知名高层管理者说："管理层不需要那么多花哨的新词，要回归到商业本质的五个要素（产品、价格、服务、成本、效率）。"

从组织的长久价值来说，真实的组织往往具备长期生存能力。

在企业组织中，对于内控管理适应环境的能力，管理者需要关注两个方面，一个是"可以数据化的资源"，另一个是"不可以进行数据化的资源"，内控管理中如果只注重前者，即使在拥有所有数据的情况下，企业也可能变成一个形式主义的组织。

从市场经济的源头去理解一些事情，就会发现在企业组织中，"寻找真实的信息，采取正确的行动"是永恒的主题。高层管理者在设定内控管理体系的时候，要将自己的信息责任融入其中，对于以往和现实的决策责任，进行一次系统的回顾。

只有在正负面信息的反复冲击下，管理者才能够逐步靠近经营的真相。

而市场经济本身的核心价值就是寻找"真实价格"的过程，人们如果不在市场里做几次交易，是不可能知道真实价格的，按照米塞斯的说法，人们对于"不可度量的人类主观感受"会形成一种经营直觉，这种直觉在叙事的时候会被放大，直觉和成功之间毕竟是一种巧合，组织要从主观实验性转变为主观和客观相结合的实验性。因此，管理者在"可度量的客观物质世界"里，需要不断验证自己的直觉，在这种反复验证的过程中，找到真实的决策依据。

企业内控管理不是简单地规范某一个人或者某一个部门的行为，而是在流程上，让企业中的所有人能够无障碍地接近真实。真实是企业环境适应力的力量源泉。

"求真"这个词会出现在任何组织文化中，但绝大多数企业组织是做不到的，决策人的喜好扭曲了企业组织的真实性，因此，内控管理条款中，应该将打造一个真实的企业组织作为企业的核心文化。

企业追求的真实，是一种整体的真实。在西蒙的决策思想中，企业决策不仅是领导者的事情，企业组织内的所有人都要参与决策，决策不是领导者说一声就解决的问题，一个大的决策背后往往跟着无数个小的决策。一个领导者在做决策的时候，一定要给下属留有余地，留下一点自主的空间，不要把一个决策变成一个"死任务"。让所有的参与者都参与决策，这看似一句简单的话，实际上包含了管理学的真谛。

内控管理带来更高质量的决策，这当然是企业组织追求的自身能力。决策的过程需要由一种内控管理制度稳定下来，企业不能为狂热埋单，也不能为过度悲观埋单，企业需要为真实埋单。

内生价值引导内控管理

超越顾客需求，解决顾客需求，这是一种核心的内生价值框架。创新能力已经成为企业运营的焦点，之前，企业还没有处于存量市场全面结构性过剩的时代，因此，觉得做到"顺应市场和顺应顾客"就可以了，但过度顺应市场的内控管理，尽头是一个没有利润，甚至负利润的黑洞。很多企业都没有注意到，任何一个企业的扩张期都是短暂的，如果不在扩张期就成为一个创新企业，那接下来的转型其实就是在原地打转。

很多企业都在讲述"无边界管理"的理论框架，其本意是"创新无边界"，并非产业无边界，低水平转型是很多企业在自己本业遇到瓶颈的时候所找的一个突破口，但事实上，这种低水平转型很可能从一个残酷战场进入了另一个更残酷的战场。因此，在本书中，笔者说的"转型"，事实上是一种"因创新而转型"的内控管理框架。

"以顾客为中心"的营销思维大概有70年历史。一个有效的创新模式是什么呢？企业需要成立自己的"创新部门"，将"创新以顾客为中心"的新理念贯彻下去。具体如何去做呢？其实说起来很简单，那就是"开门搞创新"，创新应该放在一个单独的场域里，由内部和外部的人共同完成，从一开始就引入顾客，形成一个开放式创新的市场闭环，这样的规则，同样要体现在内控管理系统中。

企业的创新突破口在哪里？

对于组织内控管理而言，很重要的一点就是着眼于未来的发展。发展和增长是两个概念，在熊彼特的著述中，创造性破坏才是发展，放量式扩张是一种增长。因此，企业组织需要一种"自我发展"和"自我增长"相协调的能力。这种能力的构建，就是在企业内控管理的模块中植入一种叫"创新部门"的组织形态。

一些有内在企业家精神的人，应该被置入"创新部门"中，在这个局部的场域中，执行"创新大于管理"的战略，这里就是发展的孵化器，高层管理者需要表现出两种真实性，一种是面对增长部门的铁血性，另一种是面对创新部门的实验性，二者其实混合在一个大组织中，但需要在二者之间寻找一个合适的边界，将两种企业文化并行不悖地运营好。这个合适的边界，就是创新部门可以渗透所有价值创造领域，在现有的业务体系中去寻找新的机会，但一些其他的经营部门，则不能反向渗透创新部门，对于创新部门的一些作为，不能以营销者的姿态来对待。这种单向渗透能力，对于保护企业的创新，构建企业的创新文化，显然非常重要。

诺贝尔经济学奖得主萨金特认为，创新其实是内在意志的体现，企业家精神不是可以用数据来衡量的，企业家精神来自零数据。在企业内，创新不是会计算账算出来的，对于风险，可以通过数据演算进行预防和测量，但是创新面对的是综合性的不确定性。

企业需要保护的是一种创新领军者的创新意志，需要找到"内部企业家"而不仅是"内部创业者"，这两类人很好区分，内部创业者是很好的管理者，他们能够将复杂流程理顺，当面对清晰目标的时候，具备群体打仗的能力；内部企业家敢于面对模糊不清的现实，敢于面对这样的不确定性。萨金特认为，企业家最宝贵的地方就是"在未知的状态下创造，从零数据起步承担风险"。

从马车到汽车的转换过程，从通话手机到智能手机的转化过程，都是需要创新意志导入的。创新其实不是做多的过程，而是做不同的过程，甚至是做颠覆的过程。

"企业中每一件事，我只有一个标准，那就是赚不赚钱！"这是一句典型的经营者话语。在很多企业的内控管理系统中，没有留下接口，没有为创新的进程留下"过渡期"和"实验性"，他们不太理解创新其实是一个"碰触—迭代"的过程，一个创新雏形需要经过若干次自我修正，才能够成熟。没有精细的内控管理过程，就没有创新成果产生。这种内生价值系统的构建，可能是未来几十年管理变革的主要方向。

专注于长期价值的创新，这是非常重要的认知体系，要杜绝那些昙花一现的创新，那是企业运营的一种陷阱。企业从管理流程和组织建设方面去思考创新的时候，才知道创新是一个体系的建立，这个体系的好处在于，长期的战略创新和短期的投机性创新，都能够在实践中被验证一遍，如果遭到局部损失，企业需要忍受这个局部损失。我们都知道，出色的狙击手都是用子弹"喂"出来的，其实，好的管理者是更多的决策和内控管理的流程培养出来的，战术失败是常有的事情，失败只是不断地告知我们组织的能力边界到底在什么地方。

内控管理是一个动态的过程，需要进行持续的优化，企业存活一天，就要优化一天。优化能够突破计划，创新不是一个简单的"输出—输出"和"投入—产出"模型，创新是一个杠杆，企业组织不应该只有一种杠杆，而应该具有不同杠杆的组合，这是能够将企业带到出乎意料的领域、出乎意料的高度的内生价值源头。人才保障和机制的支持是创新的关键，否则，即使拥有人才，也不一定会有好结果，毕竟，一个人要发挥潜力，更多的机会来自系统的支持。

而创新被优化的过程，就是持续变革的过程，将变革内化于流程管理中，一直是近年来，特别是数字智能化社会中，外部环境对于企业内控管理变革的要求。

第三章　企业内控管理理论研究

对于想要做大事业的企业而言，其事业理论非常重要，让企业中的一切人、财、物成为一个整体，内控管理系统往往是事业理论的路线图。统领三五个人不需要理论，理论也不值钱；但要想组织十万人，或企业面对上亿名顾客的庞大需求，这时候，事业理论就是最重要的价值锚点。内控管理的理论体系也是管理将帅之道。

内控管理与系统动力学理论

任何移动的物体都有一个能量输入和输出机制，企业组织也是如此。我们在观察企业的时候，第一眼要看到的，就是企业的驱动力系统。

在企业的发展历史上，系统管理学的历史并不长，却是组织运行最有价值的骨骼部分，登上世界舞台后，企业面临着复杂的内外部环境，因此，其在金融市场和全球不同市场的合规领域令人头痛。无数的不同层次的管理需要让企业管理者顾此失彼，大规模协同是企业管理的痛点，因此，在进行超大组织的系统化管理的背景下，内控管理系统就被提出来。

基于风险控制的企业狭义内控管理简史

企业的内控管理系统是在20世纪80年代以后逐渐形成的。主要人物包括美国财务会计准则委员会（FASB）和美国证券交易委员会（SEC）等机构，以及一些企业内部的管理者和专家。

FASB 于 1985 年发布了《企业内部控制评价标准》，这标志着内控管理的概念正式被提出。随后，SEC 在 1992 年发布了《萨班斯－奥克斯利法案》，要求所有上市公司必须建立健全的内部控制制度，以保护投资者的利益。这些法规的出台，推动了内控管理制度的发展和完善。

此外，一些企业内部的管理者和专家也为内控管理制度的发展做出了重要贡献。例如，杰拉尔德·温斯洛（Gerald V. Post）提出了"风险管理三角"模型，指出内控管理制度应该包括控制环境、风险评估和控制活动三个方面。

"风险管理三角"模型系统提出了企业生存所遇到的挑战，一个合格的内控管理系统需要进行风险评估，评估风险的概率和影响，以确定哪些风险是最值得关注的，需要采取措施进行管理。这个过程需要对组织内部和外部的环境、业务、流程等进行分析和评估，以识别潜在的风险。

第一步是识别风险，第二步就是进行风险控制，需要采取措施来控制和减少风险的发生和影响。这个过程包括制订风险管理计划、制定风险控制策略、实施风险控制措施等。风险控制的目的是降低风险的概率和影响，从而保障组织的安全和稳定。

企业在系统评估风险的时候，第三步就是进行风险融资，而其中的要义，就是将风险转移到其他方，以减轻组织自身的风险负担。这个过程包括购买保险、签订合同、建立风险共担机制等。风险融资的目的是在风险控制措施无法完全消除风险时，通过转移风险来保障组织的利益和安全。

中国企业的内控规范体系中，也以风险控制为主要的内控系统建设目标，包括：战略目标、经营目标、合规目标、资产安全目标和财务报告目标五个目标。中国一些上市企业根据《企业风险管理整合框架》精神，将风险管理目标分成四类，即战略目标、经营目标、报告目标和合规目标。

内控管理洞见——数字时代由外而内的创新思维

随着信息社会的来临，詹姆斯·考克斯（James Cox）则提出了内部控制的五个组成部分，即控制环境、风险评估、控制活动、信息与沟通和监督。强调信息流和信息实时监督在企业合规过程中的价值，这是我们今天一直在使用的主要内控管理思路。

总之，内控管理制度是在多方面的努力下逐步发展起来的，其中包括FASB、SEC等机构制定的制度，以及企业内部管理者和专家的实践和理论探索。

狭义的内控管理系统出台的背景就是为了方便政府对上市企业进行系统性监管，套到企业身上，就是一种"合规系统"。这是很多企业的行为规范，是根基部分，企业需要提供专业岗位和聘请外部专家进行合规管理，并在合规过程中防范系统性风险。

系统性风险的另一面是系统性的机会，事实上，在内控管理系统中，企业管理层更感兴趣的是开源，企业要做事、要发展，就要在合规的基础上寻找企业发展的动力系统。

因此，狭义的内控管理理论框架和系统动力学理论是一体两面的东西，我们需要从企业组织发展的视角，将"创造新体制"的路线图放到系统动力学理论框架之下，在理解这个理论系统框架的基础上，按照主要原则做事。理论我们无须精熟，只需将原则渗透企业的框架中。

系统动力学理论的"四核框架"

用今天的眼光来看系统动力学理论，其实就是数字化和智能化的"智慧组织"特征，这个理论框架是福瑞斯特（Forrester J. W.）教授在20世纪50年代建立起来的，其核心思想是将一个企业组织分成若干个功能系统模块，再从整体上看这些模块之间是如何系统运作的，可以查看背后的主要系统阻力和合力是什么。观察系统的时候，主要视角就是看信息系统进行反馈的流向，从信息流去看物质流、资金流和人才流的运动规律。

首先，需要做整体系统思考。系统动力学理论强调从整体的角度去思考问题，将各个因素之间的相互作用纳入考虑，从而形成更加全面、系统的认识。管理者掌控组织，要有大局意识。

其次，需要动态性思考问题。系统动力学理论通过建立动态模型模拟系统的行为和演化过程，从而预测和解释系统的变化。典型的商业兵棋推演和蓝军模式就是这种动态思考的产物，以更迅速的变化来适应变化，是企业管理者的经营节奏。

最后，要有系统性的自我批判思维。组织中的人需要不断和自我偏见博弈，特别需要注意意识形态和价值观对认知的影响，因此，一个系统的组织中，需要一种批评和自我批评精神，主动引入批判性思维。

系统最初不是完美的，需要不断进行系统优化，建立信息反馈回路，给予其成长的时间。系统动力学理论强调通过优化系统的结构和行为，达到最优的效果，同时考虑系统的可持续性和长期发展。

内控管理是指一种管理体系，旨在确保组织内部运行的透明性、合规性和有效性。确保企业对外部信息能做出迅速反应。它涉及明确的责任分工、内部审计和风险管理等方面。系统动力学是一种系统分析方法，旨在理解和调控系统的行为和结构。它将系统视为复杂的动态过程，并且可以帮助企业建立模型来预测未来的趋势和行为。

在内控管理方面，系统动力学可以帮助企业建立模型来模拟组织内部运营的方方面面，确定可能的风险点和执行预防措施。同时，该方法还可以帮助企业发现潜在的风险和缺陷，应对外部环境带来的不稳定性，并对整体系统进行优化和改进。

总之，系统动力学是内控管理学科的理论基础之一，内控管理与系统动力学可以相互协作，以确保组织的持续稳定和持续发展。

管理熵原理和组织耗散结构

企业组织发展总会有一个发展方向，对于很多企业内控管理的系统设计思想而言，最关心的就是可持续发展。

无论什么样的企业，逐步向市场靠近都是内控管理的主要发展趋势，原因在于产品寿命周期缩短，服装业以3个月为一个小周期，电子信息制造业也是半年到一年就会更新一次，这种快捷制造和灵捷制造模式的发展，彻底改变了一部分制造业企业的内控管理模式。这就是经营节奏带来的组织混乱，很多企业开始冷静下来，回到企业组织结构的能量本质，来思考建立可持续组织的问题。

在任何一个不确定时代，保守的管理者都不敢投资创新转型项目，也从来没有建立对于创新带来商业价值的信仰，在"创新系统"和"赚钱"之间画等号并不是一件容易的事情。而理解创新和投资却是组织发展的根本原则。

管理企业就是玩一种"大富翁游戏"，企业暂时得到的利润不能捂在手里，而是要投资到"企业的新生秩序里"，这是任何企业组织必须做的事情，商业本来就是一个停不下来的游戏，投资有风险，不投资风险更大，这就是管理熵理论说明的经营常识。

管理熵理论就是让管理者敢于投资于未来

1850年，鲁道夫·克劳修斯发现热力学第二定律时，是建立在简单观察的基础上的，在绝对零度之上，万物是绝对运动的；但到了绝对零度，万物静止，一切似乎都死了，这就是热寂。在热寂理论的猜想中，宇宙可能最终就这样毁灭了。熵理论说明，一个封闭系统最终会达到热平衡，没有了温差，不能再做功。不再有热量输入的情况下，一杯水温度均等的过程叫熵增，最后状态就是熵死，均衡下再无活力。

从根本上来说，系统持续的能量输入就会熵减，停止能量输入就会熵增，这是任务物理系统的运行本质，我们的宇宙也逃不过熵增，最后会变成一团混沌。因此，要不断拓展新的领域，进行创新，构建新的管理秩序。组织熵思想是当代最重要的管理理论之一，这是对于经济学理论框架的突破，能发展出完整的管理世界观。生命本来就是一个熵减系统，通过吃饭摄入能量来维持秩序，保持熵减的均衡水平。当组织熵从单纯的物理学定律变成生命熵时，以财务控制的企业管理模型就有了新的进化逻辑。

企业内控管理系统中，财务安全和风险防范是重中之重，大企业在边缘业务领域从来就充满了实验性，风险融资和风险投资领域是第一批拿到了内控管理系统的管理模块。投资无小事，其链式风险联动机制需要企业做更好的规范设计。

不积极投资吸纳资源，为系统输入能量，组织就会死亡，一个人失去理想，失去行动的能力，就会懒惰，这是人性的一个方面，这是个体熵增的过程，也是组织熵增的过程。一群充满活性的细胞会组成健康的器官和组织。一个企业不应再避讳谈及金钱，而应将组织的熵减和金钱放在一起来谈。

为了组织熵，有些企业仅将金钱看成能量的输入输出，企业投入钱，就是为了积蓄组织势能，如此就能够理解，为什么一些企业一旦赚了点钱，就开始"只进不出"，这样的企业形态实际上就是失去活力的形态。

的确，企业需要更多的生存资源，这是硬指标，但仅为金钱奋斗的企业往往看不到企业的本质，还需要系统管理熵理论的指导，否则，无法理解一个企业将百亿千亿元资金投入到不确定性的新项目，甚至用几千亿元资金来做研发，他们为什么让这些钱面对风险呢？如果他们要省下这些钱，

内控管理洞见——数字时代由外而内的创新思维

企业可能就无法积累前沿技术成果，无法吸纳更多奋斗者进入企业，无法维系企业的活力秩序。大手笔投入的思考，其指导理论就是组织熵思想。有的企业家已经认识到，要想生存就要逆向做功，把能量从低到高抽上来，增加势能，这样就能发展。

寻找企业内部的热点和耗散结构，这样的观察能够完整地表达企业的运营态势。

本书没有引入更多晦涩严肃的学术文本，而是想用一个人人都能够理解的比喻，来解释企业为什么要建立自己的"耗散结构"，并且将"耗散结构的管理"纳入发展性的内控管理框架的底层，作为企业的底层文化。

以怀孕生子来比喻企业的创新转型进程

如果仅从参数来观察人体，那么怀孕就是整个身体内部的一场混乱行为的开始，在短短的两三个月内，孕妇身体内的生理参数发生了很大的改变：腹部开始隆起，被胎儿顶着肠胃压迫心脏，血压升高。整个身体都在变胖，做什么都不舒服。如果用这样的观察来面对企业的变革行为，那就很好理解了。

孕妇怀孕了，其身体参数看起来不如平时的状态，但所有人都知道，在身体里，婴儿正在以指数式裂变的速度增长，这是一种生命领域极致的熵减行为，整个母体以自己的暂时混乱为代价，托举一个新生命的诞生。对于企业而言，这个新生命是什么？这是值得思考的问题。

这个新生命就是企业之内的事业热点，组织熵思想会坦然接受身体内最好的营养物质流向新生儿。这是组织熵减必须付出的代价。因为从生命个体角度来看，从来就没有不死的生命，真正优秀的商业领袖会思考创造新生命来完成传承。

一直拥有传承者的管理熵组织是不死的,一代又一代的管理者能够孕育下一代组织,带来下一代秩序。我们需要秉着这样的管理思想来设计企业的内控管理系统。

在管理行为上,1977年诺贝尔化学奖获得者普利高津提出了对抗混乱的耗散结构管理,其实,一个企业只要有一点疏忽就可能会崩溃。普利高津在《探索复杂性》一书中写道:"简单与复杂、无序和有序之间的距离远比人们通常想象的短得多。"

企业内控管理作为企业管理体系的重要组成部分,其功能除确保企业运营活动的合法性、规范性、安全性和高效性之外,还能起到有效降低企业内部的组织熵,提高企业的运营效率和竞争力的作用。管理学的熵减理论的本质在于同时将创新式组织和工业组织融合在一起,形成一个新的综合管理系统。工业组织在企业运行过程中,起到价值生成和价值创造的作用。而创新式组织的本质功能就是创造整个组织的熵减状态。工业组织赚到的钱交给了创新组织,创新使企业保持着生命活力,二者的关系就是怀孕母子的关系,创新式组织是婴儿,工业组织是母体,一代又一代循环下去,品牌还是那个品牌,企业还是那个企业,但企业生命却已经迭代了好几代。

内控管理系统是企业熵减管理的保证与基础。

组织行为理论和混合型组织

内控管理的目的一开始是防范系统性风险,然后逐步转为对组织效能的追求,现在再去问一些高层管理者何为内控管理的目的,这些高层管理者会说:"我们真正需要的内控管理是组织创新和机制创新。"大部分高层管理者都能够认识到组织的力量源泉来源于此。

科层制已经推行了一百多年，在工业企业组织管理中，一直很有效。科层制的管理是企业中心制的，假设企业内部有一个无所不能的领导层和领导者，能够通过控制和计划的方式，实现企业既定的目标。

科层制的管理目标是以大工业标准生产服务的。管理的目标就是提高组织内部的运作效率，科层制组织具备很强的纪律性，服从指令是标准的组织行为。

当企业将顾客管理和价值链管理也纳入管理范畴的时候，企业管理就乱套了。当企业拥有几万、几百万甚至几亿名顾客的时候，顾客就进入了管理者的视野，他们基于自己的需求提出了很多非标准化需求，这时候，管理者的头就很大了——感觉管理变得乱糟糟的，一点儿也不整齐划一了。

战争是一种不可取的极端行为，理应被抛弃，但"混合战争"形态，对于管理组织产生了很大的启示作用。引入新的观念，重新设定结构，将人重新组织起来，这是"社会创新"的重要组成部分。

混合战争对于混合型组织管理的启发

有一位高层管理者和笔者谈过企业技术研发部门的问题，他很清醒问题所在，认为企业缺少组织创新的决心，才导致技术创新效能不高。管理者常以"不好管理"来看待技术创新，事实上，这就是对组织文化的同构性和异构性的理解不同。

市场经济的本质是竞争，战争也是一种极端的竞争形式，因此，人类的组织架构、很多启发性的思考都来自军事领域。战争现在开始失去了清晰的边界，混合战争已经将非传统战争形态引入新形态中。

混合战争采用多种手段和方式来达到预期目的，包括经济、政治、军事、文化、传媒等多个领域，这是战争方式多元化的标志之一。通过不断极限施压，等待对方出错，这是多元手段达到的目的。在市场中，采用综合竞争手段，让竞争对手自乱阵脚是更好的博弈策略。

混合战争中，各种高科技手段的运用日益普及，如网络攻击、信息战、无人机等，这些技术手段使得混合战争更加复杂和难以处理。因此，军队越来越转变为一种高科技知识组织，在极端的竞争中，最终表现为技术战争。因此，不管什么样的企业组织，最终都变成善于使用先进技术工具的组织。

混合战争的进程和结果不是线性的，而是具有不确定性和复杂性。在混合战争中，参战各方的行动和反应都会对战局产生影响，因此难以预测和控制。这种进程的非线性，要求企业组织有灵活便捷的管理能力，能够随机应变。

混合战争的非对称性，也是一个新形态，挑战传统强大军队的不是另一支强大军队，而是参战各方的实力、资源和手段存在巨大的差距，这种不对称情况使得混合战争更加复杂和难以应对。一些小企业在生态链上占据了核心地位，从而冲击了整个产业链。

混合性组织架构正在变成一些企业的管理行为，企业的内控管理系统，也从合规导向转向了竞争导向和创新导向，这就是系统自我迭代的自然结果。

竞争导向意味着要和竞争对手对标，并且有综合性的超越方案，有优秀的地方就学习，有超越机会的地方就超越，在局部建立自己的核心优势。企业的内控管理系统需要"激活个体"，混合型组织能够将很多不同的人混合在一起，形成一个系统，而不是像传统工业组织一样，只需要同样的人。

这就回到了组织行为学的核心观念，"组织是由个体组成的，个体的行为和决策会影响整个组织的运作和绩效"。

假设每一个人都是自己的战斗英雄

赫伯特·西蒙在解剖学的基础上，做了这样的类比，一个组织就和一个人体一样，企业运作过程中有无数的细节。大脑活动只是整个人体活动的一小部分，把人体活动就理解为大脑活动是我们过去经常犯下的错误，我们在描述一个巨大企业的时候，描述的角度往往就是这个创始人，这种描述必然是失真的，阅读一些企业家的传记是毫无意义的，这些传记里所有的总结都离开了现场、离开了组织，表现为一种英雄主义的姿态。真正的组织行为比这个复杂得多，这就是组织思想值得研究的原因，我们都不希望经营者被表象所蒙骗。

决策会被分解，任何企业都是一个多目标体系，每一个目标体系都具备自己的商业价值，以市场竞争为导向的内控管理倾向于将企业最具竞争力的零部件推广到全世界，而并非整机产品。在企业整体的架构里，这些异质的小组织也就构成了"混合战争"。

最终，赫伯特·西蒙还是回到组织行为理论，强调了个体和组织之间的相互作用和影响，认为通过改变个体的行为和决策，可以提高组织的绩效和效率。西蒙认为，要弄清楚组织的目标问题，最好的方式就是弄清楚个人的行为动机，这样的目标确实也是员工所想的事情，最好不是外界强加给他的。他个人的目标和企业整体的目标是一致的，我们在贯彻目标的过程中，无须做更多沟通。因为这就是他自己的目标，因为这个目标他就有了组织中的角色。做一个班组长就是一个班组长，做一个工程师就是一个工程师，他要负起自己角色的责任。

超大的工业组织需要变成"混合型组织"，假设每一个人都是自己的战斗英雄，需要在发挥人的创造性基础上，做到以下几点：

首先，建立多中心组织的概念，需要依据组织的优势，进行多元化经营，通过多种业务和产品的组合来应对市场的变化和风险。

其次，既然是一种混合思维，就要动员一切可以动员的力量，企业应该整合内部和外部资源，包括人力、物力、财力等，以提高企业的综合实力和应对危机的能力。

对于做得好的功能性小组织，企业应在战略层面上给予支持。企业应该注重创新，不断开拓新的市场和业务领域，以保持市场竞争力和创造新的利润增长点。

对于已经做得很好的功能性小组织，将它们组织起来，做出新的规划，制定长期的战略规划，包括市场定位、产品规划、人才培养等方面，以应对市场的变化和风险。

总之，在信息化、智能化条件下，企业的信息化系统已经可以完成若干个矩阵化的功能性小组织的管理，企业应该加强信息化建设，包括信息系统、数据管理、网络安全等方面，以提高企业的管理效率和信息安全性，为新组织的诞生提供一个数字底盘。

组织行为理论和内控管理虽然是两个不同的概念，但它们在某些方面是相互关联的。组织行为理论可以为内控管理提供指导。例如，组织行为理论可以帮助管理者了解员工的内在动机和行为特点，从而制订更有效的内部控制措施。另外，内控管理也可以影响组织行为，例如，内部控制措施的制定和执行可以影响员工的行为和态度，从而影响组织的绩效和效益。

流程再造理论引导内控管理实践

一次流程再造事实上就是企业组织形态的一次变革。有人对于迈克尔·哈默的流程再造理论理解得不透彻，认为这是经营策略层面的事情，但是，在将其与"企业的寿命周期和管理成熟度模型"放在一起研究的时候，就会发现流程再造其实是一个"小周期中的上升台阶"，在企业发展周期中，企业通过流程再造以适应市场需求，是连续变革，不是一次性变革，流程再造是节律性发生的，改变是企业内控管理的一种常态。

流程再造理论是在企业发展周期中发生的，我们先了解一下企业的一般发展周期。

企业的寿命周期和管理成熟度模型

并非所有企业都要有一套非常完善的内控管理制度，企业处于生命周期的不同阶段，其主要任务也不同。企业以生存为要义，逐步完善内外资源，形成一个价值网络，开始思考发展问题，原始积累阶段，创始团队需要付出极大的心力，才能让企业生存下来。

企业一般的寿命周期可以分为创业阶段、成长阶段、扩张阶段、转型和衰退阶段。而在转型阶段后，企业会进入一个创新经济体的范畴，变成一个连续创新的经济体，在以往的寿命周期里，不太强调这样的阶段，事实上，这是常识，我们只是回到了熊彼特的基础观念，回到了工业文明的本质，那就是技术是经济增长的关键要素，绝大多数现在还在赚小周期钱的管理者也许理解不了"技术就是经济"的内在逻辑，错误地认为"搞技术的在经济圈里是弱势物种"，但企业想要发展到高级阶段离不开技术升级，这就是产业升级和高端产业的现实。

在谈及管理成熟度的时候，可以将内控管理分成创业管理、成长管理、扩张管理、转型创新管理、连续创新管理五个阶梯。本书会着重讨论转型期的企业内控管理和连续创新阶段的内控管理。

从寿命周期的变化来观察内控管理转型和创新面临的挑战，每一个阶段面临的主要问题和主要矛盾是不同的。

创业型企业的内控管理主要是跑通企业的现金流，并且从顾客那里迅速获得反馈，再进入反馈修正的增益循环。创业阶段，需要团队在最短的时间内完成巨量的工作，没有足够的资源投入和经营意志，使很多创业企业都倒在了这个阶段。存活下来，对于创业企业来说就是一种胜利。

成长阶段的企业则建立了自己的利基市场，拥有稳定的产品质量，能够满足市场的需求，企业在这一阶段稳定自己的利基市场，将营销和营销战略作为重心。市场中有很多营销主导型公司，本质上就处于这个阶段。这是一种保守型的进攻态势，这样的企业往往在自己的垂直领域还处于追赶者的位置，一切都是为了聚能、聚财、聚顾客。

扩张阶段的管理，往往有强烈的竞争导向，市场里存在明确的竞争对手，企业有明确的对标竞争的管理模式，和对手进行多层次的正面对决，一个充满竞争的市场往往对于顾客是有利的，这是市场经济的价值所在。企业战胜竞争对手，会获得一个饱和的市场。最终胜利者也注定"获得和刀片一样薄的利润"。

内控管理的真正价值不在于企业在小周期里获得的暂时顺境，而是在企业现存系统穷途末路的时候，还有继续向上突破的系统，转型和创新在理论上是一个高级阶段，和前几个阶段的企业都不同，这是企业学会在大周期里长期生存的基础工程。

如果从成熟度来观察，一个具备持续价值创新能力，并且能够跨越若干个发展小周期的企业，其管理系统是成熟的、有成效的。创新价值和持续创新的价值，在其背后是一系列愿景、制度和过程把控的组织形态。

因此，对于一个经济体而言，产业升级其实是内控管理和组织管理进入转型和创新阶段的一种表现形态。

按照企业的一般生命周期来思考，企业在发展过程中，至少需要进行四次标志性的流程再造，一步一步将企业从初创阶段带到可持续创新阶段。

首先，企业必须用好内审这个战略工具，而不能仅将其当成战术工具，或者作为惩罚工具，这都会导致组织信任的丧失，使组织变成人人自危的组织形态。这种内审纠错机制是一个企业面向深远未来的骨架结构，没有这个结构，企业中途夭折的可能性太大。

其次，不管是简单的三个人企业，还是三万人企业，如有100个产品种类，都需要从顾客的需求出发，商业上的任何行动都必须和顾客一起完成，企业在内控设计系统中，绝不能在顾客不在场的情况下，完成所谓的独立创造。即使是革命性成果，也需要顾客使用并接受持续反馈。

迈克尔·哈默的流程再造理论的核心思想就是"将多元化组织变成一个以顾客为中心的组织"。无论是小企业还是大企业，都在这个理论框架下实现了统一。企业应该从顾客的角度出发，重新设计业务流程，以满足顾客的需求和期望，提高顾客满意度。

一般地，企业存在越久，往往流程越僵化，企业组织中犯错误的人多了，出现一种错误就给流程打一个补丁，废除一个流程就涉及若干个利益人，因此，废除流程很艰难，但企业应该通过简化业务流程，去除不必要的环节和流程，提高流程效率和效益。简化流程是管理者的一种要务，这需要决心。

在企业生命周期的基础上，在每一个阶段，都要做好流程的标准化工作，企业应该制定标准化的业务流程和规范，确保业务流程的一致性和可控性，提高流程质量和稳定性。管理者需要在战略层面看到标准流程的寿命周期，然后进行组织变革。正如彼得·德鲁克曾说："一件产品进入市场的时候，就需要有退出的时间，流程管理也是如此。"

在简化流程和流程标准化进程中，企业需要建立流程自动化的闭环，实现整个企业的数字化和自动化，信息系统的强大不在于规模，而在于精准性。在保持精准性的基础上，企业应该采用信息技术和自动化设备，实现业务流程的自动化和智能化，提高业务流程的效率和可靠性。

企业的流程再造和内控管理系统有密切的关系。流程再造需要考虑内控管理的要求，以确保流程优化的同时不会影响企业的内部控制。例如，流程再造需要重点考虑内部控制和风险管理，以确保流程再造后的流程能够有效地避免风险和内部控制缺陷，并且符合相关法律法规和企业规章制度的要求。同时，内控管理也需要考虑流程再造要求，以确保内部控制制度能够满足流程再造需求，保证企业的流程再造实现预期目标。

企业经营波动性与"媒介—叙事经济学理论"

现代管理者和经营者应该意识到，企业的底盘建立在数字化社会之上，数字化社会的一般规律，也影响企业的管理形态，没有主见的管理者会无所适从。

顾客市场正在从"信息稀缺"时代转变为"超量信息浪涌"时代，以前，我们以为这样的环境会造成一种"信息对称的透明环境"，实际上，这在实践中造成了新的信息不对称。市场里充满了不真实的、低质量的信息，而这些信息传播速度更快，信息的真实性和准确性更难以保证，导致企业在决策和运营中容易受到不准确或不完整信息的干扰。

在信息社会中，企业犯错误的机会不是更少，而是更多。数字社会的竞争更加激烈，在注意力经济时代，所有生意都是流量生意，大众关注点在哪里，流量就在哪里。这种对于流量的追逐导致企业内控管理变得混乱不堪，需要不断创新和调整战略来应对市场的变化。

在数字化社会，很多产业的节奏都在加快，不是数字社会适应企业节奏，而是数字社会挟持了企业的发展节奏，技术更新换代速度更快，企业需要不断适应新的技术和工具，这导致企业的运营波动性增大。手机三个月到半年一个技术升级就是典型案例。

在数字化社会，很多企业经营都全球化，国际政治经济环境和自然环境的变化也会对企业的运营产生影响，如自然灾害、政策变化、国际贸易摩擦等，这些因素也会导致企业的运营波动性增大。企业必须考虑这些波动风险，需要提高风险管理和应变能力，不断适应市场的变化，提高企业的敏捷性和适应性。

企业内控管理系统和灵捷管理理论的交汇

数字化社会的波动性将大量企业逼到了"快企业哲学"中,典型的表达就是"快鱼吃慢鱼",企业要求员工及时回复顾客的消息已经不是什么新鲜事儿。

很多企业内控管理的内核来自工业组织,在面向顾客转型为服务型组织的时候,会遇到很多障碍,服务型组织引入的管理框架都是灵捷管理模式,灵捷管理认为,顾客是企业的生命线,企业应该以顾客的需求和期望为中心,不断优化和改进产品和服务,提高顾客满意度和忠诚度。这种去除生产本位,以顾客为中心,"挟顾客以令工厂"的行为,让很多制造业企业在服务型企业面前变得弱势,变成"服务型买手企业"压制价格的对象,进一步丧失定价权。面对这样的局面,这些制造业企业的管理者该如何做?

灵捷管理模式正在逐步渗透工业制造业企业,比如,红领服装企业的转型,就是一种将灵捷数字管理引入制造业企业的经典案例,这个案例现在依然值得深入研究,由于篇幅有限,读者可以进行网络搜索。

灵捷管理倡导不断追求卓越,不断改进和优化企业的运营和管理,实现精益生产和精益管理。这种不断自我迭代的精益求精行为,当然是一种生产文化的新发展。企业的改进和优化应该是持续的过程,企业应该不断寻找和解决问题,不断改进和优化企业的运营和管理。

标准化内控管理要求实现系统运行的稳定性,但灵捷管理系统却要求企业通过实时调整去适应市场的波动性,标准化内控管理强调留有余量,保持一定的组织冗余,但灵捷管理要求企业一直处于临界状态,要求一家制造业企业在服务领域的响应速度更快,这对内控系统的冲击是前所未有的。

在灵捷管理组织中,"快速响应顾客就是一种核心竞争力",这些企业往往在消费端建立了大量的顾客群和顾客流量，然后带着顾客资源同厂家谈判，进行压价，它们在价值链上并不站在厂家的一边，而是将顾客关系和厂家关系结构化，站在顾客立场和厂家进行博弈。

对于灵捷管理模式来说，顾客是竞争力的来源，因此"宠粉"概念就是"买手企业"提出来的，这是将星级服务体系摆放在制造业的前面，形成一道服务过滤器，对制造企业的消费者和顾客进行系统拦截，这就是营销市场的现状。

工业组织的内控管理和灵捷组织融合的实证案例比较少，但在未来这是企业内控系统的必然形态。灵捷是一种跨部门的协同机制，比精益生产更加强调对于顾客的服务性，团队合作是企业成功的关键，企业应该鼓励员工之间的合作和协作，打破部门之间的壁垒，实现信息流畅和知识共享。

中国有数量巨大的大、中、小型制造业企业，这些企业的内控管理系统的升级，直接影响中国经济的发展质量，因此，本书将数字化转型进程中的最终框架呈现出来，让企业家、管理者去思考，企业需要将更好的顾客服务系统（CSM）引入内控管理系统中，这是未来框架系统的设计任务。

灵捷管理强调企业要快速响应市场变化和顾客需求，不断调整和优化企业的运营和管理，以保持市场竞争力，这就要接受企业经营环境快速波动的事实。数字化的另一面就是媒介化，在企业管理过程中，在企业文化中，需要承认一个事实，即企业就是媒体。可能有的企业管理者不认可这个结论，但事实上，这样的内控管理模块早就进入了特斯拉、苹果公司等一系列国际企业的运营框架。读者需要进行深入的案例研究，去发现这两个典型的具备国际影响力的企业是如何拓展自己的媒体性的，最终将市场权力从"买手企业"掌控在自己手中的。

媒介理论和"电子先知"对新内控管理框架的启示

企业内控管理系统需要正式纳入媒体性,这是内控管理部门的一个新模块,接受企业就是媒体的事实,对于数字化企业的运作显得尤为重要。

通俗地讲,媒介是一种社会权力,是直接力量,自身有两个要素,即拥有网络平台和拥有内容,其中,拥有网络平台比拥有内容更加重要。这就是被誉为"电子先知"的麦克卢汉的媒介理论核心思想。

麦克卢汉认为,媒介不仅是一种传递信息的工具,也是一种重要的社会力量,能够影响和塑造人们的思想、价值观和行为方式。在媒介社会中,需要用一种媒介组合,达到组织系统的不同目的。企业组织的管理者对于企业即媒介的含义理解不深,事实上,媒介就是进行大规模管理的战略工具,拥有媒介就是拥有一定的社会影响力。

社会是复杂和多层次的,媒介承载的内容对人们的影响也是复杂和多层次的,它不仅是简单的信息传递,还涉及人们的情感、态度、价值观等方面。麦克卢汉认为,媒介在社会变革和发展中起着重要的推动作用,可以促进社会的进步和发展。

在企业内部,管理者既需要"一声喊到底"的沟通力量,也需要"一竿子插到底"的执行能力,这就是企业内部的媒介性。企业规模越大,企业的媒介性就越强,企业在面对外部价值链和整个顾客市场的时候,同样需要保持媒介特性。

麦克卢汉最核心的观点可以概括为五个字:媒介即信息。媒介是根本力量,信息是波动力量,我们需要学会区分这个核心定义。企业在信息管理领域,需要做两方面努力,一方面需要拥有高质量的媒体,另一方面需要高质量的内容,投资高质量的媒体是值得的。

值得思考的是,大企业家和全球性的大企业热衷于并购媒体企业,其背后的逻辑是什么?

读者在这里可能会发现一个事实,虽然本书谈论的是内控管理,但实际上,内控管理的触角已经伸到了企业的外部。对于企业的高层管理者而言,虽然他的管理起点是在企业内部这些人,但是其成果却体现在外部。内控管理的终点是企业外部的顾客群体,形成多层次的共识,才是企业走向未来的组织保障。

诺贝尔经济学奖获得者罗伯特·席勒在其著作《非理性繁荣》中讲述了金融市场投资中的群体心理波动对于市场的影响,事实上,消费端也开始呈现出这样的波动性。那么,企业的内控管理系统如何进行应对?这就是一个大问题。因此,叙事经济学已经将企业表达自己的能力作为企业的基础工程。这就要求经营围绕人心去运营,不仅围绕其他要素。从某种程度上来说,企业品牌定位占据顾客心智,行为经济学确实可以解释。这里就派生出了内部团队和外部顾客共同管理品牌的问题。

内生增长理论和创新管理范式

企业内部有一些创新部门,但是在内控管理系统中,如何容纳这些创新部门始终是一个大问题。企业领导者和管理者的经验不能大于创新部门的探索意愿,这是一句干货。因为经验主义永远是线性的,也就是渐进的。

美国汽车大亨亨利·福特对于顾客调研曾说:"如果我们从倾听顾客的意见开始,我们只会听到想要一匹更快的马。"

让创新部门大胆地试、大胆地闯,这是在企业局部进行的探索行为,企业需要在内生增长理论的指引下,改造自己的内控管理目标,让内控管理成为企业实现增长的组织力量源泉。

内生增长理论的核心观点对于内控管理目标的重新认知

作为研究增长的专家，2018年诺贝尔经济学奖获得者保罗·罗默针对一个经济体在高度竞争的市场中保持长效竞争力的方式，主张构建自己独特的内在价值系统，抵御外部的市场波动风险，通俗地说：一个经济体需要拥有一种外部市场涨价我也涨价的能力，内生增长能够抵御和对冲外部风险。

本书在此简略介绍理论，总结核心观点，以供内控管理系统的管理者作为参考。

任何企业想要在全面结构过剩的市场里找到新位置，必须将技术进步作为经济增长的主要推动力量。内生增长理论认为，经济增长的主要推动力量是技术进步，而不是传统的资本和劳动力的积累。增量经济隐藏在技术产品系统里。

这一条就让管理者警醒，很多企业还是将技术作为一种促进增长的工具，而不是作为值得追求的战略优势。这就造成企业丧失发展后劲。

一个企业应该成为一个知识中心，企业在知识管理领域需要建立必要的模块，通过构建强大的知识系统来促进更多新事物产生，知识是经济增长的重要因素，知识的积累和创新可以促进经济增长。

内生增长理论的核心观点就是发挥知识型员工的工作效能，投资于教育和研发可以促进经济增长，因为这些投资可以提高人力资本的质量和数量，并促进技术的创新。让企业成为人才辈出的团队。一个企业想要长久发展，需要追求一种"优质资源的规模收益和外部性"，让企业不断汇聚人才，形成一个类似硅谷的创新场域。一个人的知识和技能可以促进其他人的学习和创新，从而促进整个经济的增长。

企业最终都要靠知识和研发创新推动，因此，企业在重新设计内控管理系统的时候，需要将目标定位于内部价值的持续生成和增长。

创新管理需要纳入企业内控管理的系统版图，很多传统行业的管理者会出现理解的偏差，认为创新类似于双盲实验，事实上，企业内控管理的每一个模块都有其功能闭环，都有其生成价值的点，创新可以管理，效能可以提升。

创新管理如何植入企业内控管理流程中？

中小企业将创新管理模块纳入内控管理系统后，首先要做的就是帮助这样的创新团队定目标，并且将目标纳入企业的战略管理进程，企业的研发创新管理应该与企业的战略相一致，从而确保研发创新的目标与企业的长期发展目标相一致。

关于研发效率和创新效率的问题，需要借鉴全球的最佳实践方案，比如华为公司，在新产品推出的进程中，新技术的占比为多少，专业原则是如何确立的，其背后逻辑是什么，这才是值得思考的事情。确立研发流程是相当重要的事情，这里可以借鉴创新的一般原则。

一旦企业开始创新研发，就要组建一种新的人才团队，传统的内控管理的出发点是让人更守规则，新的研发管理却鼓励知识工作者标新立异，找到杰出人才和优秀人才组成团队，提高管理团队的专业水平和管理能力，以确保研发创新的高效运作。

传统企业对于实体资产管理不存在观念障碍，但对于自身知识产权的保护，就差了一点儿劲头，事实上，企业在建立研发创新的系统模块和团队的时候，就要下决心来重视和维护企业的知识产权，这是对研发者的保护，也是对其工作贡献的肯定，企业需建立完善的知识产权管理制度，以防止技术被侵权或泄露。

创新是没有定法的，企业需要推行创新文化，鼓励员工提出创新想法，创造良好的创新环境，以激发员工的创新潜能。

创新管理本来就是在一个开放体系中进行的，创新人员和外部的创新者需要进行密集的交流和互动,这是知识资源的再生成过程。企业需要加强对外部创新资源的整合,包括与高校、研究机构、供应商等的合作,以获取更多的创新资源。

第二部分
企业内控管理的变革实践

在本书中，笔者提出的内控管理框架就是"创造新组织，建立新体制"，组织是企业力量的源泉，企业需要有出色的混合系统的构建能力，将内控管理系统（含价值链管理系统）、内生价值系统、品牌营销系统和顾客社区管理系统等单元统合起来，形成新的系统动力，更换新的引擎，保持企业高效运作，这就是企业内控管理的变革实践和变革目标。

第四章　企业内控管理体系建设

在本章，笔者主要谈及内控系统的落地性，依照"网络化、动态化、矩阵化和层次化"四个链接互动方式，形成新的面向合规和可持续创新、实现长期增长的战略目标，进行系统设计。

内控管理体系建设基本思路

内控管理体系的诞生一开始就是让企业既对自己也对社会负责的总体机制，这是一个从外到内的组织系统的构建过程。合规是企业组织存在的基本思路，没有规矩，不成方圆。

每一个企业都处于不同的发展阶段，因此内控管理系统会有不同的要求，按照一般要求，企业首先考虑的是这个组织系统运行的合规性，社会监管是一个大系统，企业是一个小系统，因此，这就是一个行为限制和规范系统，合规模型大体上包含不同方面的内容。

随着政府职能部门和各行业协会对企业经营管理的监管，企业必须响应与落实。合规管理对于企业运营很重要，另外，企业除非不想对外开展战略合作，否则在进行资产评估、投融资和股权交易等活动的时候，就会自动遇到合规的监督和审核，与其让第三方进来进行合规评审，找出很多问题，不如自己进行主动合规管理，提前做好准备。

企业的内控管理流程中的合规问题

合规是内控管理系统的基础部分，企业无论大小，都需要进行合规操作，并且介入企业的一般运营流程，在此将企业的合规系统分成六个部分：

第一，企业要遵守相关法律，在这个层面上合规。应该遵守国家和地方的法律法规，包括税法、劳动法、环境保护法等法律法规。

第二，强化公司治理，包括一整套正式或非正式涉及内部或外部的制度与机制来协调公司和所有利益相关者的利益关系，以保证公司决策的科学化，以及对顾客市场的迅速反应，从而维护公司各方面利益。建立健全公司治理结构，对每一个企业，特别是对上市公众企业、股份制企业和大型集团型企业尤为重要。

第三，企业需要有严格的财务制度，实现财务合规，在财务领域不留隐患，包括完善的会计准则、税务法规等，确保财务报表的真实、准确和合法。一般企业和上市企业的财务风险和合规操作要求有所不同，但财务合规是企业对外合作，特别是资本运作层面的一项基础工作。

第四，对于数字时代的企业，数据安全合规已经变成了一个备受关注的大问题，近几年，很多企业因为滥用顾客数据，或者数据隐私问题保护不力，收到了巨额罚单。企业应该保护顾客和员工的隐私信息，遵守相关法律法规，防范信息泄露和网络攻击。信息责任已经成为企业合规领域的一个大方向。

第五，产品与运营流程合规，符合标准质量要求的产品是企业的立身之本，企业应该确保产品的质量和安全符合相关的标准和法规，保护消费者的权益。企业的运营流程包含整个产供销运营的全流程、全方位、全节点，企业要建立网格化的内控管理，以满足整个运营流程对内合规要求和对外变化与需求的适应性。

第六，社会责任合规，企业应该履行社会责任，关注环境、员工权益、公益事业等方面的问题，遵守道德和伦理规范。

不管是非上市企业还是上市企业，一般合规模式都需要内嵌在企业的流程系统中，很多企业在经营过程中，管理层会觉得合规管理很麻烦，太严肃，事实上，是他们没有体会到合规的好处。企业战略目标的实施与实现，需要合规给予保证。

初创期的企业想要吸纳股东、获得投资机构的投资，重点应该放在合规制度的建立和规范化管理上，包括完善公司治理结构、制定企业章程、落实公司制度、建立健全内部控制制度等。股权结构合理清晰对于持续获得资本市场的关注非常重要。

企业进入发展期，应该更加注重合规风险管理，建立健全风险防控机制，加强内部审计、风险评估、信息披露等方面的管理。

企业进入壮大期，对于社会资源的吸纳能力会逐步增强，受到的社会监管也会越来越多。当组织规模扩大的时候，内部腐败问题就会出现，需要制度流程来制衡，企业在壮大期需要更加注重合规文化建设，加强员工教育和培训，强化合规意识和责任意识，确保企业合规运营。

如果企业自己不做基础工作，没有人能够帮助企业来做。在进行管理咨询的过程中，笔者听到很多管理者抱怨，认为合规这件事，浪费了大量的时间和精力，影响工作效率，"本来想做一件专业事，但现实是每一天用于行政工作的时间占了大头"。

事实上，很多小微企业对于严格的合规流程和制度流程是抗拒的，他们强调个人效率和人力资本，对于制度流程的价值就理解不到位。这正是本书诞生的原因，企业真正做大做强的原因往往在于"制度创新"，本书就是谈论企业内控管理制度创新实践的。管理者面对的问题是整体大于个人的系统协同能力，合规是组织顺利运行的第一级台阶。

内控管理体系与系统主要内容

内控管理实际上是一个复杂的系统，一个上市企业关于内控管理的所有文本摞到一起，可能是十本书的厚度，规范文本达百万字。在本书中，笔者无法提供完整的范本，只能提供框架性的介绍文字。

在实践中，对于企业而言，除了大部分相同的规范，企业会根据自己的实际情况，制定独特的"文化文本"和"特色流程文本"，这是内控管理流程制定团队的任务。

内控管理体系的主要内容体现在企业运营的基础性和流程性，因此大体分成几个不同的模块，有些模块对于大部分企业是通用的。

企业内控管理的一般通用模块

管理技能是可以习得的，经过适当的规范训练，人人都会熟练应用自己的规范手册，自己用熟了，就带上周围的人一起用，一个内控管理的执行进程就开始了。在企业员工心里，会对事件的重要性进行排序，比如，顾客的投诉和质量问题马上就会进入快速处理的通道，就像医院的急诊室一样。因为顾客投诉，可能给企业带来系统的风险，吃过苦头的企业更能理解对危机的响应能力多么重要。

第一，内控管理的基础价值就是进行风险评估和控制，企业需要对内部和外部风险进行评估，并采取相应的控制措施，以确保企业的稳健运营。风险控制本身就是一个多层次的管理体系，因此，笔者会在后文中进行更详细的说明。

第二，企业需要进行全面的资本管理，从实体资产到虚拟资产，企业需要认识到自己的总体资源情况，包括资产的采购、使用、保护、处置等方面，以确保资产的安全和有效利用。其中，企业需要遏制资源使用过程中的"寻租腐败"行为，防止资产流失，在投融资过程中，需要保护好企业的资产。

第三，完善公司治理结构，这是各类企业都必须高度重视的部分，包括建立科学的决策体系、适应战略发展的组织架构与管理模式、高效的董事会或总裁/总经理办公会议、有效的绩效考核和激励机制等。

第四，企业需要进行规范的财务管理，建立健全的财务管理制度，包括预算管理、会计核算、财务分析和报告等方面，以确保财务信息的准确性和透明度。从战略角度和战术角度两个视角看财务，需要做好资金规划，也需要做好财务结算。

第五，合规管理是企业运行的基础，企业需要遵守相关法律法规和行业规范，建立健全的合规管理制度，并进行监督和检查，以确保企业的合法合规运营。在前文笔者已经做了详细说明。

第六，建立完善的内审和信息反馈体系，企业需要建立内部审计制度，对企业的各项管理活动进行审计和评估，发现问题并及时纠正，以提高企业的管理水平和效率。

对于管理者来说，在进行内控管理范本阅读研究的时候，需要理解范本规范背后的逻辑，企业这样做，都是跟业务系统的经营现实进行匹配的，内控管理系统在一些事情发生过程中，发现了一些漏洞，那么就需要进行重新匹配，以实现"高度匹配"目标。

内控系统是一种烦琐的过程控制体系，既有"大动脉"的管理，也有"毛细血管"的管理，内控系统具有网络化、动态化、矩阵化和层次化的特点。

内控管理系统的网络化是指将内控管理系统部署在网络上，通过互联网等方式实现内部各部门、分支机构以及外部合作伙伴之间的信息共享、业务协同和数据交互。网络化的内控管理系统可以实现全面的信息化管理，提高内部运营效率和管理水平，同时更好地应对外部风险和市场变化。

内控管理系统的动态化是指企业将内控管理系统与其经营过程的运营、风险管理、战略规划等过程相结合，通过不断创新、优化、调整和升级，使内控管理系统能够适应企业内外部环境的变化，满足战略管理与市场变化的需要，进而保证企业的经营稳定和可持续发展。为此企业可以采取如下方法：

（1）建立内控管理系统的动态监控机制，比如红黄牌举牌制、风险控制预警标准等；

（2）将内控管理系统与风险管理和战略管理等紧密结合；

（3）内控管理系统持续改进机制；

（4）加强内控管理培训和宣传，增强企业和员工的风险意识和内控管理意识。

用动态的意识去构建内控管理系统非常重要，因为动态化是内控管理系统重要的特征，也是重要的发展方向。

内控管理系统的矩阵化可以从两个层面来理解。一方面，从企业运营管理的整体层面理解，内控管理系统从横向看是管理要素，联结各个经营管理的职能/部门，形成耦合现象；从纵向看是管理层级，是贯穿企业各个经营与作业单元，将战略落地的实施过程。内控管理系统的纵横部分各具独特要求，并形成一张内控管理系统的矩阵图。另一方面，从内控管理系统层面理解，可以将控制目标按照业务流程进行分类，形成一个横向的矩阵；同时，可以将控制目标按照风险分类，形成一个纵向的矩阵。这样，就可以形成一个二维的矩阵结构，通过对矩阵中的各个方格进行监控和管理，实现对内控管理系统的全面监控和管理。矩阵化的内控管理系统可以有效地提高内控管理的全面性、效率性和精准性，有助于发现和解决内部控制中存在的问题，提高企业的风险管理水平，从而保障企业的经营安全和稳定。

内控管理系统的层次化也可以从两个层面去观察。一是指内控管理系统应根据企业治理结构、管理模式、管理层级等需要，有层次地设计与构建实施。比如，集团型公司就有三种经典的管理模式选择，即财务型管理、战略型管理和业务型管理，不同管理模式下的内控管理系统的重点就有较大区别。集团公司内的每一个运营管理层级，如集团管理总部、下属二级子公司及其下属孙子公司的内控管理系统既有共同要求部分，又有本公司的独特要求。又如，一家独立的公司，其管理模式通常采取三级垂直管理，内控管理系统应该根据这样的管理模式要求而进行设计、实施。再如，以项目制管理为主的企业，其内控管理系统的重心就会特别关注项目管理的有效性和项目风险控制等。二是指内控管理系统包含三个层次，即战略层、管理层和操作层的内控管理，这三个层次相互关联，构成了一个完整的内控管理系统。每个层次的职责不同，但它们共同努力，确保公司的内部控制系统的有效性和高效性，并符合公司的内控政策和目标。

企业的流程确定后，意味着任何一个管理者或者领导者都不能随便调遣一个人，而是要通过流程协作的方式解决问题，如何展开自己的工作、做得更好，这就是一种自由，实际上是一种自由发挥的空间。

内控管理系统中如何保障研发团队的"自由和效率"

从管理者、命令者的视角转换到赋能者，做创新环境的构筑者，这是创新领域管理者的角色转变。

在建立创新内控管理流程的时候，需要思考制度运行的文化特征，在一个科层制为主导的组织中，创新文化很难被执行，旧的组织文化不断在潜规则和侵蚀着新流程制度。最终使一些具有包容性的部门制度变成一团"稀泥"。

内控管理最终会变成一种形而上的认知和心智模式，而不是躺在条文里的东西，旧制度是红色的大染缸，新制度是蓝色的大染缸，把两个缸分离开，就没有什么问题。

一个创新组织需要建立一种真正重视知识产权的文化，建立知识产权保护制度，保护研发人员的创新成果，防止知识产权被侵犯。

研发团队的建设，就是要建立一种"蓝血"，领军者需要带来新文化，建立高效的研发团队，提供良好的工作环境和资源，鼓励研发人员进行创新研究和交流。

企业应建立完善的研发流程管理制度，将事业规律融入这个管理流程中，包括研发计划、研发过程管理、研发成果评估等，保证研发人员的工作有序、高效、有成果。

建立人才辈出的团队，实现人才培养接力，杰出领军者和优秀者通力协作，使优秀变得卓越，需要新的激励制度，企业应提供培训和学习机会，帮助研发人员不断提升技能和知识水平，激发研发人员的创新潜能。

不同类型企业内控管理模式的选择

企业的业务类型千差万别，每一个企业的业务重心也不同，因此，企业在制定内控管理系统的时候，需要围绕主要业务流程和主体顾客展开，顾客的特质决定了企业内控管理的形态和效能。

企业内控管理的基础是合规，更上一层的需求是防范风险，然后保持企业的现金流和利润，无论是制造业企业还是服务业企业，其共性都是相同的，但在内控管理的流程中，不同企业关注的重心不一样。

本书将内控管理进行归类，归纳了不同类型业内控管理的重心。

不同类型企业内控管理的关注重点

同类的企业一般都有相同的关注点，同类企业之间的内控管理系统可以形成一种对标互相借鉴的方式，来获得更好的迭代系统。

第一类统称为制造业企业，包括管理整个价值链的制造业生态企业，它们关注的重点就是生产过程的控制和成本管理，包括原材料采购、生产计划、生产过程控制、质量控制、库存管理、成本核算等方面。在制造业企业中有两种人，一种人关心过程实现和成本，另一种人关心市场和顾客关系，但最终还是生产内控的标准性占主导地位。

第二类主要是做投融资和资本运作型的企业，包括一些大企业的产融部门、银行、投资银行等，金融业企业的内控管理重点在于风险控制和合规管理，包括信用风险、市场风险、操作风险、法律合规等方面。在投资过程中，规避和转嫁风险是整个内控系统的核心环节。

第三类主要是和顾客市场接触的零售业企业，这些零售业企业非常关注会员服务和顾客反馈，内控管理重点在于库存管理和销售管理，包括库存预测、进货管理、销售管理、顾客关系管理等方面。

第四类可以归纳为服务业企业，其内控管理重点在于服务质量和顾客态度，包括服务流程管理、服务质量监控、顾客反馈管理等方面。有一些学习型的服务业企业会非常关注知识管理，将知识管理和业务全流程进行重合，形成一个完善的服务知识库，来应对顾客的动态需求。

第五类是以项目运营和管理为主的企业，比如建筑企业、互联网企业、律师事务所、财务与管理咨询公司、设计公司等，其内控管理重点是每一个项目目标与公司整体经营目标的统一性，项目运作过程的效率和风险管理，以及项目发包方需求的及时响应性和顾客满意度等。

管理者选择什么样的管理制度，取决于企业类型和企业管理的成熟度。但内控管理的有效性问题要复杂得多，同样的制度在两个不同的企业中产生了不同的结果，其背后的原因是什么？

对于组织结构固化的企业，任何新流程都只是一堆文本。内控管理制度的重要性不在于制度本身，其具体的运作环境决定了有效程度，企业制定内控管理系统，不能离开具体的运行环境。

在谈论企业文化的时候，有些管理者觉得企业文化是虚无缥缈的。企业在推行一套管理制度的时候，其本质是对新旧利益的一种梳理活动，而企业本质上也是利益组织，因此，利益和组织文化连接在一起的结构体，很难靠一套新的制度去解构重组。决策者需要很强的意志力才能够重新构建一种企业文化。

拥有一本菜谱书的人并不一定能立即成为一流的厨师，还要看这个菜谱拥有者是否有出色的味觉体验能力，以及在厨艺领域日复一日的精进精神。网络上有很多完整的、现成的内控管理范本，但能够将内控管理弄明白的企业并不多。

一个创立新组织体制的人，内心一定会有体悟，重新认识组织文化的核心要义，制度是企业文化的显性表达形式，企业文化是默默影响企业的。企业文化营造出一种自我幻觉，管理者需要足够清醒，才能够完成一次组织变革。

不同类型的企业在内控管理执行过程中的表现最终会体现其管理者的不同特点。管理者是企业增长工程的操刀手，企业执行依然需要一定的铁血力量，同时，需要将企业文化纳入内控管理的范畴，意志力强的管理者可以更有效地推动组织文化的变革。

内控管理体系实施的路径

一般企业的内控管理需要的执行流程

在总结了一些企业的内控管理系统文件之后，笔者将一般内控管理系统总结为以下方面：

首先，需要通过一种协商决策的方式，来建立企业的目标和战略，内控系统不是抄袭别人的文本弄来的，而是在参考一般文本的基础上，通过建立自己的"特色"诞生的，企业需要明确自己的目标和战略，以确保各部门的工作都能够服务于这个目标和战略，从而实现协同。

其次，需要建立有效的沟通机制，保障企业信息流的畅通，在前文中，已经论述了真实信息的珍贵性，因此，企业需要建立跨部门的沟通渠道，使用合宜的信息系统，以确保及时传递信息和协调工作。企业需要认识到，沟通不畅是运营成本高的主要原因。

再次，针对企业不同的岗位，制定明确的工作流程。企业生存都是个性化的，因此，企业制定流程的时候，需要深入岗位细节，将责权利分清楚，包括各部门的职责、工作流程和工作标准等，以确保各部门的工作协调一致。每一个员工以自己的工作流程作为参照，这类似于飞行员的飞行手册。

从次，对于协同行为进行鼓励和奖励。变法之前需要立信，按照流程运作的人会得到鼓励，以此促进跨部门合作，包括相互协助、共享资源和知识等，以实现更好的协同效果。

最后，内控系统需要建立"内查"和"外查"两层系统，在建立考核系统的时候，主要倡导建立"自我管理和自查自检系统"，企业建立完整的数字化系统，将流程纳入数字化系统，考核系统建立合规和绩效考核机制，以评估各部门的协同效果，鼓励优秀表现，促进协同合作。

落实内控管理制度本身就是企业组织的一次变革行为，因此，需要引入变革管理的相关体系，变革需要多数人支持，人们往往是排斥不确定性的，因此，要让主动参与变革的人得到好处。

在一般的执行流程中，主要体现了企业组织内部的沟通动员，但企业在制订计划的时候，需要划分明确的步骤，进行系统化实施。笔者经过数

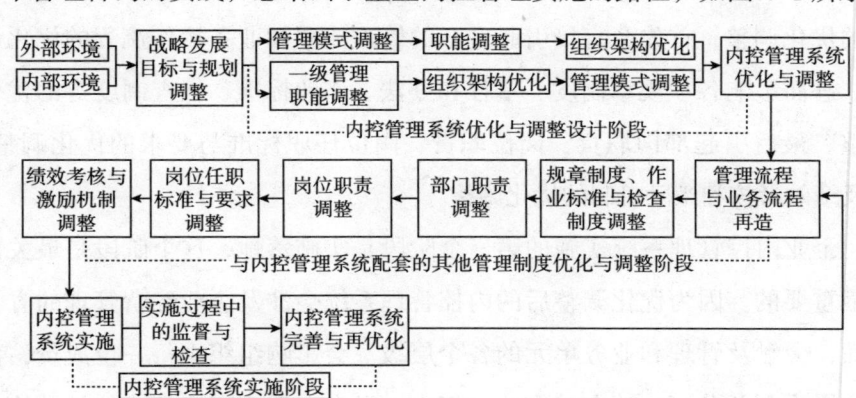

十年管理咨询的实践，总结出了企业内控管理实施的路径，如图 4-1 所示。

图 4-1　路径图

任何一次内控管理系统优化与调整，都是由于前续的各种需求而引起，并对企业现有的各项规章制度、管理办法、流程等产生重要影响。

企业内控管理系统实施一般由三个阶段组成，第一个阶段是方案设计。企业发展战略目标与规划的调整，是由两部分引起的，一部分是由外部因素引起的，包括市场竞争格局变化、政府产业结构调整以及监管政策调整，顾客需求变化等；另一部分是由内部因素引起的，包括董事会对公司发展的新要求或转型要求，此阶段企业必须作出战略调整，因经营决策或经营管理出现重大问题而采取的战略调整。

企业发展战略目标与规划调整方案递交董事会或总裁/总经理办公会议审批通过后，就进入内控管理系统优化调整方案设计环节，不同类型企业的后续工作顺序有一定差异，大型集团公司一般是先确定管理模式，然后梳理公司一级管理职能，而后优化组织架构；而大部分中小企业通常是先梳理一级管理职能，然后优化组织架构，再调整管理模式。最后共同的路径就是设计内控管理系统优化与调整方案。

企业内控管理系统实施的第二个阶段是与内控管理系统配套的其他管理制度的优化与调整。由于企业内控管理是一个系统，又具有网络化、动态化、矩阵化和层次化的特点，它对其他规章制度的制定起着重要的作用，它的优化调整，首先会直接引起现有的管理流程和业务运作流程的优化调整，进而影响各项规章制度、章程和办法、作业标准、检查制度等的优化调整，最后引起部门职责、岗位职责、岗位任职标准与要求的优化调整，以及绩效考核和激励机制的优化调整。

企业内控管理系统实施的第三个阶段是实施落地，这个阶段是最关键也最重要的。因为优化调整后的内控管理系统会涉及企业经营管理的方方面面，会触及管理和业务单元的各个层级，会影响组织中每一位成员，甚至会影响利益分配，故在其实施过程中，经常会受到不理解或偏见，使企业的人员产生消极或抵触情绪，或出现惯性地回到原先旧的系统上等现象，所以在实施阶段，除了先期的宣导培训，实施过程中现场教练、纠正及定期的监督检查成为内控管理重要的工作内容。

企业实施新的内控管理制度的五个步骤

第一步，在充分开放的情况下，制定内控管理制度。企业需要制定一套符合自身实际情况的内控管理制度，包括内部控制标准、流程、制度、职责等方面的规定。

第二步，分部门推广内控管理制度。企业需要将制定好的内控管理制度推广到各个部门和岗位，让所有员工都了解和掌握内控管理制度的内容和要求。

第三步，通过内部管理者主导的培训，或者第三方咨询管理机构的导师介入，开展内控管理制度培训。企业需要对员工进行内控管理制度的培训，让员工了解内控管理制度的重要性、目的、内容、流程等方面的知识，增强员工的内控意识和管理水平。

第四步，初步和企业业务实现融合，建立审核内控管理制度的机制。企业需要对内控管理制度进行定期审核，发现问题及时整改和完善，确保内控管理制度的有效性和实施效果。

第五步，要耐心听取反馈意见，持续改进内控管理制度。企业需要不断地对内控管理制度进行改进和优化，以适应外部环境和内部需求的变化。

实战经验表明，好的管理制度最初实施的框架，一定会产生很多变化，管理者需要团结所有人，让使用者提意见，以得到一个经过细化和迭代的管理框架，而且，内控管理制度没有最终版本，是不断局部细化改进的。

有些内控管理框架需要听取员工的建议，同时需要收集更多的其他优秀企业的管理经验。在不同的框架之间，甚至冲突的内容之间观察，会得到更好的结论及更优异的制度系统。

当然，企业组织是由人构成的，推行新政，需要采取一种耐心和渐进策略。

通过局部实验的方式进行先导推广

在实施一套内控管理系统的进程中，需要一种慢速推进的方式，不要一上来就烧三把火，而是汲取其他企业和经济体变革的经验，逐步推进新管理制度，企业可以先在某个部门或岗位试行新的内控管理制度，经过一段时间的验证和调整后再推广到其他部门和岗位。

"局部实施快不得。"这是一些变革者的忠告，内控管理是一种体制系统，一旦出现新制度和旧制度的强烈冲突，有可能会毁了组织，无论是经济史上还是政治史上，一旦掌握不好激进的体制变革的节奏，可能会带来严重的后果，甚至改变历史的走向。

在经过局部系统的实验后，这些局部内控制度就成了样板，虽然说"样本工程"是个老词汇，但其中充满了组织的智慧。企业可以在一定的准备工作后，全面实施新的内控管理制度，确保所有员工都能够及时掌握和遵守新的内控管理制度。

"全面实施慢不得。"既然内控管理体系已经经过验证,打通了理论到细节的所有关卡,那么就需要快速实施,将旧的体系快速抛弃,需要一种意志力来忍受暂时的观念冲突和流程冲突,使企业成为一个新的企业。

笔者曾向我国著名系统工程专家王浣成教授请教如何推动企业内控管理系统和管理制度优化创新问题,王教授专门为笔者详细介绍了由他提出的螺旋式推进系统方法。从哲学角度来讲,螺旋式推进系统方法综合了还原论和混沌理论,还原论由本原在构成的约束下经螺旋式推进生成的,事物的发展,事物的分析,解决问题……都遵循螺旋式这一规律推进过程。

王教授还专门举了两个例子,一个是给砖墙打洞的例子,砖墙很硬,必须用电动梅花钻不停地旋转,才能逐渐地完成打洞任务。另一个是乒乓球运动的直线攻击与旋转削球的例子,当对方打过来旋转削球时,你最好用直线球攻击过去,反之则以旋转球回击更有效。企业内控管理系统优化与调整实施过程,与上述两个例子很相像,企业遇到很大的阻力时,不能一味地采取强势的命令与做法,而应该采取循序渐进的方法逐步推进,而对有些阻力和障碍,则应该采取直线快攻的方式进行推进。管理是一门科学,更是一门艺术,螺旋式推进系统方法指导着笔者的管理咨询工作与实践,并为不同的企业提出了许多有效的实施措施与方法。

无论采用哪种路径,企业都需要注重内控管理系统有效性和实施效果,并及时进行调整和优化,以保证持续改进内控管理系统和提升企业的风险控制能力。

企业三张架构图的梳理和优化

企业内控管理系统,既需要一种文本的表述,也需要一种图像的表述,文本表述就是形成内控管理的条例文本，而图像表述能将企业内部纵向关系、横向关系、交叉关系体现在一张图上，这就是图像叙事的价值。

文字的表达方式是线性的，图像叙事的表达方式是架构性的和层次性的，这是二者的不同之处。我们将企业管理职能结构图、组织架构图和管理岗位架构图作为企业内控管理的基础架构，这也是管理者实施管理的路线图。管理者可以在日常工作中找到一种架构平衡的工作方式，注重不同层次的部门之间的结构平衡，保持"人、财、物、信息"四大流畅通，实现资源流动的通畅性和企业组织结构的均衡性是管理者实施管理的重要内容。

在设计这些组织架构图的过程中，不同企业的管理职能结构图可能会有所不同，需要根据企业的实际情况进行设计。但组织架构图只能提供企业运行的基础骨架，在每一个职能部门下面，每一个岗位、每一个工作都会产生职责和流程的交融问题。笔者以一般的管理职能结构图为例来进行系统说明。

企业管理职能结构图一般职能性的分工

企业的管理职能一般分成三级或以上，如图4-2所示。第一级的管理层级，是指集团公司/公司总部从战略管理需要出发，必须设立的管理职能，如人力资源管理、财务管理资源等，二、三级管理职能则是对一、二级管理职能的细化，是保证一、二级管理职能的有效实施。企业在讨论和设置一级管理职能时，不要与组织架构混淆。企业经常把管理职能理解为组织架构，其实两者的定义和功能性是有很大差异的。管理职能是完成战略目标必须设立的管理职能，而组织架构则是保障这些管理职能得以有效实现，从而实现战略目标。

虽然企业不常绘制管理职能图，但是这张图的作用却非常重要，在笔者咨询工作的经历中，经常被要求帮忙调整和优化组织架构，一般企业发生以下情况之一才会提出调整和优化组织架构的需求：情况一，战略发生变化；情况二，企业运作几年，需要对组织架构进行调整和优化；情况三，某一管理职能落地遇到瓶颈，需要通过组织架构的调整和优化，理顺管理职能，消除管理瓶颈；情况四，企业出现严重的管理事件，必须通过调整和优化组织架构降低管理风险，提高管理效率等。当企业需要调整和优化组织架构时，应该做的第一件事就是组织目标企业的中高层管理者在解读战略规划的基础上，进行管理职能的分析与诊断，确定哪些管理职能必须作为一级职能，哪些作为二、三级管理职能，从而确保满足战略管理的需要。当企业把这些弄清楚了并绘制出公司管理职能图，再做下一步组织架构设计工作。

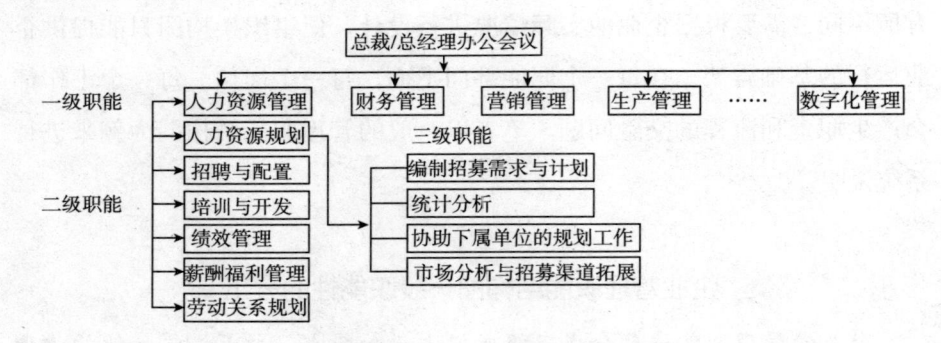

图 4-2　企业管理职能图

在图 4-2 中设置了总裁/总经理办公会议职能，这是一个会议制的常设职能，为总裁/总经理室作出决策提供分析与建议，实现总裁/总经理室的管理职能，是公司治理的重要举措。

企业的管理职能结构图中，每一个功能模块都是一个管理单元，再深入下去，这个功能单元实际上就是一个"阿米巴组织"，将功能模块化，提供标准的协作方式，这些都是在实践中一步步迭代出来的。

图 4-3 是一张大部分企业设计和使用的常规架构图。但以下几点必须特别说明。

图 4-3　企业组织架构图

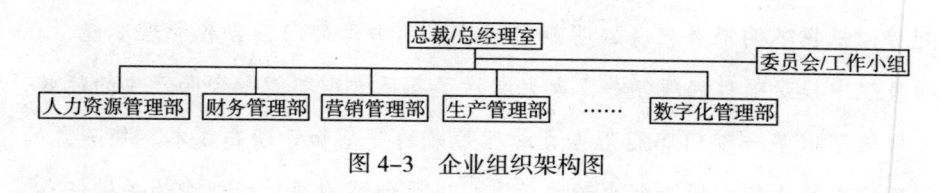

（1）公司除董事会外，最高的经营管理决策部门应该是总裁/总经理室，但是绝大多数企业的组织架构在此位置是总裁/总经理，这里存在两个要优化的关键点。一是组织架构图反映以管理部门为单位的网络，反映管理的流动方向。总裁/总经理是一个管理岗位或头衔，所以要用总裁/总经理室代替。二是随着现代企业的发展，经营管理理念不断创新，原先由总裁/总经理拍板决策的行为逐步被集团公司/公司高层管理团队集体决策代替。

（2）管理职能部门的设置是以一级管理职能图为基础，根据企业的特点和需要，可以是一个一级管理职能设置一个部门，也可以将两个或以上一级管理职能合并设置为一个部门，没有统一标准和要求，绝对不要轻易模仿其他企业，我们说管理是一门科学，也是一门艺术，组织架构的设置充分体现了管理的科学性和艺术性。

（3）这是一个垂直管理模式的经典组织架构图，但是随着环境的变化、信息的开源化和运营管理的复杂化，依靠单一管理职能部门完成的事件越来越少，依靠跨管理职能部门完成的事件越来越多，所以矩阵式的管理模式越来越被重视。在实践中，组织架构是保持原先的垂直式架构，但在架构中做一些调整和补充，比如在总裁/总经理室与各管理职能部门之间，增设委员会、领导小组等机构，统一领导跨部门管理的项目，这个机构成员是由总裁室相关领导、相关管理职能部门经理和相关专业人员组成，该机构是会议制的管理部门，其日常管理活动是委托与项目最接近或最适合的某一职能部门代为实施。

（4）垂直式的组织架构与矩阵式的管理模式相结合是当代企业管理的

趋势，根据不同业务任务，明确时间节点，由跨部门融合各管理职能，在项目组中接受项目经理领导，大大激活了各项管理职能融合而产生的能效，又规避了以某一部门职能为垂直管理带来的壁垒和管理高成本。矩阵式的管理模式的盛行，带给企业新的挑战，培养合格的项目经理成为关键任务，提高项目管理的水平迫在眉睫。

（5）组织架构扁平化是一种趋势，特别是随着数字化进程的深入，扁平化结构会越来越普遍。运用扁平化结构需明确三个关键点：一是扁平化核心是对环境的变化与顾客需求能做出最快的与最迅速的反应；二是扁平化的关键是去部门化，将部门化的职能转变为矩阵式职能；三是推行扁平化需要充分考虑企业的管理成熟度。

（6）企业的一般组织架构图中，这些部门之间的关系结构是垂直和水平的。垂直的关系是指上下级之间的关系，如总经理和部门经理之间的关系。水平的关系是指同级之间的关系，如不同职能部门之间的协作和协调关系。

企业内部可能会出现"自组织协作团聚现象"，比如，几个部门的关系特别紧密，协作的机会比较多，这些部门就会形成高一级，但在组织图上看不到的隐形结构。

企业一般组织架构图和其中的"自组织协作团聚"现象

管理者需要管理看得见的地方，更需要管理看不见的地方，因此，我们可以通过简单的分类，看到组织部门之间的横向关系，比如，人力资源属于行政管理，但行政管理部门只是一个容器，将所有关系紧密的部门装进去，形成新的结构。

我们简单罗列一下这些部门之间的团聚关系：

（1）行政管理部门：包括人力资源、行政、法务等职能部门，主要负责企业的行政管理和法律事务。

（2）财务管理部门：包括财务、会计、审计等职能部门，主要负责企业的财务管理和财务报表编制。

（3）生产管理部门：包括生产、采购、物流等职能部门，主要负责企业的生产计划制订、物料采购和物流管理。

（4）市场营销部门：包括市场、销售、顾客服务等职能部门，主要负责企业的市场营销和顾客服务。

这些罗列的内容并不全面，但至少说明结构图之外还有结构图。横向部门的工作流程越顺，总经理和董事会就越有精力处理"有远见的事情"。如果董事会和总经理都局限于眼前的事务中，说明企业分工已经乱套了。高层管理者在做任何一件事的时候，都要问自己一句：这到底是不是我的事情？

如果说我们在看企业组织结构图的时候，仅看到部门之间的界限和分工，那是不完整的，观察组织结构时，往往既需要看到显性结构，也需要看到隐性结构。在企业的管理过程中，纵向的管理职能其实体现在横向的流动中，总经理的价值不在于自己去做事，而是促进横向关系的贯通和平衡，这种关系在文本中难以体现，但管理实践就是如此。我们在讲企业故事的时候，讲述的往往是总经理亲力亲为，实际上，让各部门分工的工作流顺滑，才是最有价值的事情。企业需要环环相扣的行动、环环相扣的决策，这种"环环相扣"的协同性是管理者需要完成的事情。

我们理解了组织结构图中内控管理系统的一般常识，现在再看一下企业中重要的第三张图——管理岗位架构图，这里涉及个人和企业组织之间的关系，管理任何一种关系都是复杂的管理问题。

企业的管理岗位架构图和"私人关系集合的本质"

企业内部的管理岗位大致分为三类：

（1）高层管理人员，如总经理、副总经理等。

（2）中层管理人员，如部门经理、项目经理等。

（3）基层管理人员，如组长、班长等。

这些人之间的结构关系可以用组织结构图来表示，组织结构图通常按照职能、部门、等级等因素划分。

管理岗位架构图中含着更多的私人关系，比如师徒关系、朋友关系和利益同盟关系等，任何组织都是这样一个私人关系总和的结构体，因此，管理者进行内控管理过程中，必然会碰触这些关系，一个管理者所谓的成熟，往往不体现在显性关系里，而体现在隐性关系里。

企业管理岗位是指担负职责或管理任务的工作岗位，管理岗位图依据组织架构图为基础绘制，如图4-4所示。

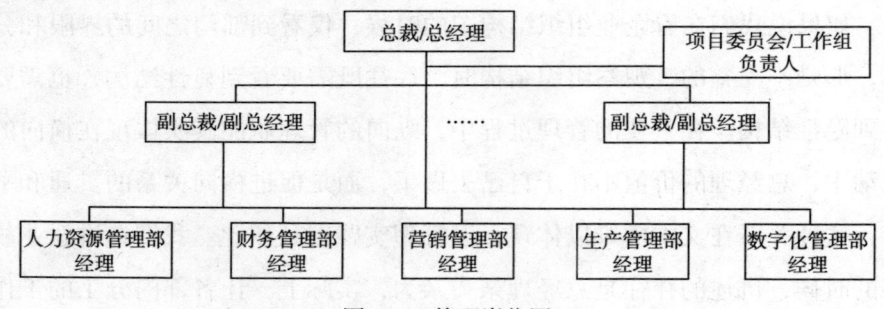

图 4-4 管理岗位图

企业管理岗位图的作用体现在：

首先，管理岗位的设置反映了不同企业的组织建制和管理思路；其次，不同的管理岗位头衔与上下级反映了不同的领导与被领导的关系；最后，反映了领导和被领导的权限范围。

在总裁/总经理下设置副总裁/副总经理和总监的区别如下：

设立副总裁/副总经理和总监是两种不同的组织管理建制，设立副总制一般是在总裁/总经理室授权下，副总分管某几个管理板块/部门，接受总裁／总经理领导；总监制是在总裁／总经理室授权下，总监负责一个管理板块／部门，接受总裁／总经理的领导。在合适的企业内推行总监制是实现管理扁平化的一个举措，但是在很多企业内存在两种并存的现象，即在副总经理下面再设一级总监，这种设置是不恰当的。

管理职能图、组织架构图和管理岗位图相互影响、相互作用，其逻辑关系用图表示即可一目了然，如图4-5所示。

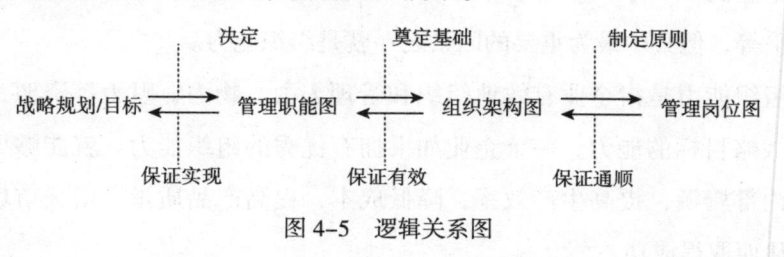

```
              决定                奠定基础              制定原则
               ↓                    ↓                    ↓
  战略规划/目标 ⇄ 管理职能图 ⇄ 组织架构图 ⇄ 管理岗位图
               ↑                    ↑                    ↑
            保证实现              保证有效              保证通顺
```

图4-5　逻辑关系图

管理者在看到三张结构图的时候，需要研究如何在这些功能部门之间起到一种"监督者和润滑剂"的作用，同时需要深度理解显性关系和隐性关系，从实践来看，很多变革管理的失败，恰恰是由于管理者失去了对于隐性关系的敏感性。

显性关系指的是在组织结构图中明确标注的上下级、部门之间的关系，如总经理直接管理多个部门经理，部门经理下设有多个组长等。显性关系通常是企业内部管理体系的基础，是企业内部管理的主要依据。

隐性关系是指在组织结构图中没有明确标注的、实际存在的关系，如某个部门经理和另外一个部门经理之间的竞争关系、某个组长和另外一个组长之间的合作关系等。这些关系通常是由个人之间的互动和行为形成的，是企业内部管理体系的重要补充。

企业内控管理体系的组织保障

企业的成败取决于许多因素，如市场环境、竞争对手、产品质量、管理水平等，但其中最为重要的因素之一就是组织能力。

组织能力是指企业有效地组织和管理人力、物力、财力等资源，实现企业战略目标的能力。一个企业如果拥有优秀的组织能力，就能够更好地调动内部资源，提高生产效率，降低成本，提高产品质量，增强市场竞争力，从而取得成功。

市场中，组织溃败往往是企业死亡的重要原因。如果企业的组织能力较弱，就可能出现内部混乱、资源浪费、生产效率低下、产品质量差等问题，导致企业难以在市场竞争中存活。因此，强大的组织能力是企业成功的关键。

关于内控管理的组织形式和选择

1. 企业组织形式

从组织管理历史来看，从工厂管理到最新的智能化数字化平台，可大致分为四种组织形式，即科层制组织、扁平式组织、矩阵式组织和网络式组织。现在，这些组织形式都在市场里存在，企业的选择跟其盈利模式和业务类型有深刻的内在关系，因此，需要一种"存在即合理"的认知态度。

四种组织形式的特点如下：

（1）科层制组织：这是一种传统的组织形式，企业按照职能和等级划分为不同的部门和岗位，形成上下级关系和职权划分。这种组织形式的优点是职责明确、管理严格，但缺点是层级过多、信息传递缓慢。

（2）扁平式组织：这是一种相对较新的组织形式，企业将层级压缩，缩小管理层次，使得组织更加灵活、快速，适应市场变化的能力更强。这种组织形式的优点是信息传递快速、决策灵活，但缺点是管理难度大、职责不明确。特别是当管理的幅度超越了管理者所能控制的触及面，可能会出现管理失控或混乱现象。所以在企业管理实践中，切忌过度追求扁平化的组织形式。

（3）矩阵式组织：这是一种混合型的组织形式，将不同职能和项目组合在一起，形成跨部门和跨职能的团队，以应对复杂多变的市场环境。这种组织形式的优点是灵活性强、协作效率高，但缺点是管理复杂、决策难度大。在目前的实践中，矩阵式组织形式更适用于大型集团公司、项目公司、科研开发公司等，而对于大部分企业来讲，矩阵式组织形式更多体现在管理逻辑上，是在其他组织形式下运用矩阵式组织的思路和方法，比如对重要的工作/业务，不是按照传统的职能管理的方式推进，而是将其独立出来，成立项目小组，以矩阵式的管理模式进行项目管理，打破原先的管理壁垒，将各管理职能融入一个项目中，以要求、预算和时间三要素构成的项目管理目标作为全体项目成员的共同目标，并以此实施、管理、监督和考核。

（4）网络式组织：这是一种基于互联网技术的组织形式，企业通过网络平台和社交媒体等渠道，与员工、顾客、供应商等建立联系，实现信息、资源和知识的共享和交换。这种组织形式的优点是开放性强、创新能力强，缺点是管理风险高、安全性难以保证。

企业的组织形式也决定了企业的组织能力，有些企业以追求标准化和稳定性为目标，有些企业则以开发性和共享性为目标，目标不同，组织能力也不同，但不同类型企业之间不能横向比较，就如一个钢铁厂无法和外卖企业这样的网络式组织作比较，以说明哪一个组织更强大。我们只能认定，组织形式在各自的企业中更有效，这是判断企业内审管理和内控管理价值的主要方式。

　　管理者在内控管理系统中的价值和地位，需要以一种明文的方式表现出来，因此，我们需要明确的授权原则。管理权力的交接，不是简单地口头说一下，而必然是一件具有仪式感的事情，组织中的功能模块授权，需要在整个公司组织的会议中变成决议，有时候，我们会在媒体上看到公示，这就是权力交接的仪式感，我们的目的就是在组织中，确立管理者的地位，同时确立管理者的责任。

　　2. 内控管理的组织

　　一个合理的、坚强的内控管理组织是保证其系统有效运作的基础和关键。内控管理的组织可以从以下三个方面关注：

　　（1）内控管理职能：内控管理作为企业经营管理的一个重要职能，不仅被大部分企业和管理者认同，更是实现企业战略目标、创造价值、创造核心竞争力、保持可持续发展的重要因素。企业应把内控管理设置为企业的一级管理职能，这是指在一个企业组织内无论是拥有若干个经营/业务单元、运营层级的集团性企业，还是仅拥有一个经营/业务单元的独立企业，都将内控管理设置为一级管理职能。

　　（2）内控管理职能部门的设置：内控管理部门应在满足企业的管理理念、组织架构设计原则等要求的基础上，结合内控管理网络化、动态化、矩阵化和层次化的特点进行设置。

　　第一，对于大型企业，特别是集团性企业，可以在总裁室下设立内控管理领导/工作小组。该小组是一个会议制的常设组织，其主要行使总裁室授权下的职责，包括：对集团公司内控管理的领导职责，审核、审批内控管理系统内的各项文献和决议等职责，负责内控管理系统的实施计划的审批、实施过程的监督与实施结果的评估，内控管理重大事件的处理决议等职责；该小组成员一般由集团总裁室相关人员、集团主要管理职能部门负责人、下属企业内控负责人及相关专业人员等组成；鉴于该小组是一个会议制组织，其日常管理工作一般归属行使内控管理职能的那个部门承担。

第二，对于内控管理部门应根据不同企业的不同管理模式而设置。一般有两种形式可以选择，一是作为一级管理部门，直接设立内控管理部。二是将内控管理作为一个独立的职能设置在某一个一级管理部门内，比如设置在总裁／总经理办公室、财务管理部、战略发展部、运营管理部等。

第三，内控管理职能部门的设置是一项系统工作，涉及企业价值、企业文化、盈利模式和运营模式、管理成熟度等各种因素。特别是在当下，大部分企业将内生管理作为经营管理的主轴，但是由于战略发展的目标与需要不同，不同企业的经营管理主轴的侧重点不尽相同，有些以战略管理为主，围绕战略目标与计划实施的内容进行运营管理；有些以成本管理为主，围绕降本增效的内容进行运营管理；有些则以预算管理为主，围绕预算完成的内容进行运营管理；有些更以营销管理为主，围绕顾客满意的内容进行运营管理；等等，所以内控管理职能无论是作为独立的一级部门设立，还是作为某一个一级部门内的独立管理职能存在，以及设置在哪一个部门内都是没有固定的规定和要求的，唯有是否适合与有效之辨。

（3）内控管理系统实施的监控：企业内控管理系统实施的监控一般分为三个层级：第一级为领导层级，如内控管理工作小组或总裁室／总经理室对整个公司内控管理工作的监控，该层级的监控一般以会议制听取汇报为主，现场检查为辅，且周期一般为每季度一次，重点监控内控管理系统性事件，及时处理内控管理的重大事件；第二级为职能管理层级，如内控管理部门或某部门内控管理职能对各职能管理部门和各运营管理层级的内控管理工作的监控，通常采取的方式是定期现场检查、书面总结汇报与填写表格相结合；重点关注内控管理职能实施情况，及时纠正和解决问题；第三级为现场层面，即管理总部各职能部门、下属管理职能和作业流程的各环节监控，一般以定期现场检查为主，重点关注管理与作业流程是否正确，是否按照制度和标准执行，对于出现的问题能否及时纠正和解决等。

内控管理的第一责任人制度

内控管理的第一责任人制度是培养企业管理梯队的重要举措，培养人才是领导者最关键的任务，杰克·韦尔奇在其管理生涯中曾谈到，领导者需要将一半的精力用来培养人才。

在企业组织工作中，第一责任人是指企业的最高管理者或部门负责人，他们对企业的决策和管理负有最终责任。授权不仅是授权，更是给予责任，这意味着在授权的过程中，授权人需要对被授权人进行评估，确保他们具备完成任务的能力和信任度，并在授权书中明确任务目标、授权范围、工作流程、时间节点等内容，以便被授权人清楚地了解自己的任务和责任。

在内控管理专业也有句名言，叫作"单位负责人是内控管理第一责任人"。

从内控管理系统的建设与实施的角度看，第一责任人具有两个层面的解释。第一个层面是指：一个组织内的负责人应该是该组织的内控管理第一责任人，如集团公司总裁、事业部总经理、公司总经理、部门经理、团队负责人等，分别是各个组织内控管理第一责任人，承担内控管理职能的领导角色、推动本组织内的内控管理系统的建设与实施，并就该职能对上一级组织负责。第二层面是指：站在战略发展的高度去看内控管理职能的重要性，并结合内控管理系统的网络化、动态化、矩阵化和层次化特点，从内控管理系统实施的角度看，每一位员工都是所在岗位内控管理第一责任人。特别是随着企业数字化转型的深入，无论是流水线上还是工作与服务现场的人员都已经不再是从前简单的操作人员，而是拥有高学历、掌握先进技能、操作智能设备的"工程师"，所以内控管理系统不能再采用传统的"泰罗"式管理，员工不仅是内控管理的对象，更是内控管理的第一责任人。内控管理系统应有一个让"第一责任人"积极提出创新建议的空间和机制。

在内控管理系统中，特别是内控管理实施过程中，发挥"第一责任人"的作用特别重要，企业应做好以下工作：

（1）建立明确的目标和任务："第一责任人"需要清楚地了解自己的任务和目标，以便能够全力以赴地完成任务。

（2）提供必要的资源和支持："第一责任人"需要得到必要的资源和支持，才能够顺利完成任务。

（3）建立有效的沟通机制：建立有效的沟通机制，及时了解工作进展和问题，以便及时进行调整和解决。

（4）创建内控管理创新小组：创建组织内不同层级的内控创新小组和头脑风暴会议制。

（5）建立激励机制：对完成任务的员工进行奖励，以激发"第一责任人"的积极性和责任意识，特别是可以建立内控创新奖励机制。

管理的成功，关键在于有一群能够担起责任的人。笔者和很多管理者交流过，大部分管理者对于自己的管理能力都不自信，原因就是"所托非人"——授权给不能自我管理的一群人，责任就会回到管理者身上。

内控管理是一种水磨功夫，需要在流程中时时处处体现出来，成为企业中的一种"自然"，按照这样的要求，企业需要对企业中的人进行内控管理的"内部合规"考核，合规的执行能够体现出整体的协同能力。因此，企业需要将内控管理考核体系纳入绩效管理中。

内控管理考核体系纳入绩效管理的重要部分

内控管理考核体系是一个评估企业内部控制管理质量的评估工具，主要目的是确保企业在运营过程中还能够遵守相关的法律法规、政策规定和企业各项规章制度，有效地管理风险、保护企业资产，实现其战略目标。通常，内控管理考核体系包括以下五个方面：

（1）控制环境：这包括管理层的参与度、组织架构、政策制定和风险意识等方面。

（2）风险识别和评估：这包括风险识别、风险评估、关键风险的管理和监控等方面。

（3）控制活动：这包括内部控制程序和相关流程的设计、实施和维护，包括财务管理、财务报告、合规管理、信息技术管理等方面。

（4）信息和通信：这包括信息系统、信息安全、通信渠道、信息披露和沟通等方面。

（5）监控活动：这包括内部审计、监督管理、反欺诈、违法行为的预防和打击、监控报告等方面。

企业可以根据自身情况和需要，制定并实施适合自己的内控管理考核体系。该考核体系的建立和实施需要企业高层管理人员的支持和投入，从而确保企业内部控制的有效性、可靠性和适应性。

将企业内控管理纳入绩效考核可以促使企业全员参与内控管理，增强全员的内控意识和责任感，从而提高企业内控管理的效果。具体做法如下：

（1）设定内控管理相关指标：企业需要根据内控管理的目标和要求，制定相应的指标体系，如合规性、风险控制、内部流程规范等方面的指标。

（2）将内控管理指标纳入绩效考核体系：将业务考核的过程考核指标与内控管理考核指标相结合，例如，过程考核中的数量指标与内控管理考核的质量指标相结合；又如，把内控管理考核纳入员工个人绩效指标中，特别是管理者的管理绩效考核中。

（3）加强内控管理宣传和培训：企业需要加强内控管理宣传和培训，让员工了解内控管理的重要性和实施方法，增强员工的内控意识和能力。

（4）建立内控管理奖惩机制：企业可以建立内控管理奖惩机制，对于内控管理工作做得好的员工进行奖励，对于内控管理工作做得不好的员工进行惩罚，从而激励员工积极参与内控管理工作，真正成为"内控管理的第一责任人"。

（5）建立内控管理监控系统：内控管理监控系统应包括三大方面的监控。第一个方面是内控管理系统建设、升级等的监控；第二个方面是内控管理实施过程的监控；第三个方面是内控管理评估的监控。

第五章　内控管理的运行与监督管理

企业内控管理和监督管理是企业管理中非常重要的一部分，需要建立完善的内部控制体系和监督管理机制，确保企业的经营活动符合法律法规和内部规章制度，同时需要加强对风险的管理和控制，确保企业的长期稳定发展。

企业内控管理监控系统是内控管理运行有效的保证，该系统包括三大方面的监控。第一个方面是内控管理系统建设、升级等的监控，这个方面监控的重点是重要决议审批制度的科学性，比如重要制度、流程颁布前的沙盘演练、小范围试点及审批流程；第二个方面是内控管理实施过程的监控，比如内控管理的信息记录，内控检查的预警制等；第三个方面是内控管理评估的监控，比如评估流程的合理性，评估指标设置的科学性，内控考评与绩效考核的结合性等。

组织架构、规章制度和流程三者的关系

企业内控管理是指企业为实现战略目标和经营目标，通过制度、流程、风险评估等手段，对内部控制进行规划、组织、实施、监督和改进的过程。

监督管理则是对企业内部控制体系的有效运行进行监督和评估，确保企业的内部控制体系能够有效地发挥作用。企业可以通过内部审计、风险

评估、监督检查等手段，对内部控制体系的运行情况进行监督和评估，并及时发现和纠正存在的问题。

在内控管理实施之后，很多企业员工拿到了内控管理手册，里面有密密麻麻的文字和图表，员工看后不知所云，这些手册分发了几万册，结果被遗落在企业各个地方，因此，落实内控管理系统，使其正常运行，是一个系统工程。

如何区分组织架构图、规章制度和流程图？

以人体解剖学为例，组织架构是人体骨架，规章制度是中枢神经系统，而流程则是动、静脉血管。

组织架构图、规章制度和流程图都是企业管理中常用的工具，它们的作用和表达方式不同，具体区分如下：

（1）组织架构图是企业内部管理中一种常用的图表，它是显示公司内部管理层级关系和职能关系的图表。通过这种图表可以清晰地展示公司员工的职责和工作岗位，以及公司各部门之间的关系。组织架构图通常是以分级方式表示的，从上到下依次显示公司的高层管理者、各部门负责人和普通员工之间的关系。组织架构图的目的是让人们明确自己在公司中的位置和职责，有助于提高公司的管理效率。

（2）规章制度是一种具有约束力的规定，是企业内部管理中的重要组成部分。它是为了管理企业内部的行为而制定的一系列规定，是行为的准则，如员工的行为准则、工作规则、惩罚制度等。规章制度的作用是维护企业内部秩序和正常的工作环境，促进员工的工作积极性和创造性。

（3）流程图是描述一项工作或任务的可视化方式。它通过图形符号、文字说明和连线等方式来描述一个过程中的每个步骤及其关系，让人们清晰地了解工作流程，是行为的路径，有助于提高工作效率和质量。流程图通常用于业务流程、生产流程、项目管理等方面。流程图不仅可以帮助企业打破部门间的信息壁垒，提高跨部门合作效率，还可以在新员工培训和流程优化等方面发挥重要作用。

通过以上介绍，我们可以知道组织架构图、规章制度和流程图都是企业管理中重要的工具，它们各自的作用和表达方式不同，企业需要根据实际情况来选用。

总之，通畅的流程保证了规章制度的有效落地，规章制度保证了组织架构的高效运作，组织架构则保证了管理流程的合理流动。

组织架构、规章制度和流程图是企业进行组织的三大工具，对于大型的企业组织而言，如果管理者不借助必要的规章制度和流程，不仅管不过来，还会出现顾此失彼、穷于应付、一叶障目直至失控等问题。因此，管理者需要深入理解这三个工具的异同，理解组织架构、规章制度和流程之间的内在逻辑关系。

组织架构、规章制度和流程的内在逻辑关系

管理是一种技能，是一种使用管理工具的技能，组织架构、规章制度和流程图相当于战士的枪、农民种地的拖拉机，没有工具，我们难以理解企业中发生的一些情况。

因此，笔者需要在这里厘清三者之间的逻辑联系和相互锁定的关系。

1. 组织架构与规章制度的关系

企业的组织架构决定了职能部门和岗位之间的关系和职责划分，规章制度则规定了各个职能部门和岗位在具体工作中应遵循的管理准则和标准。组织架构和规章制度相互关联、互相促进，共同保证企业内部管理的规范性和有效性。

在企业内控管理中，组织架构和规章制度之间相互影响。组织架构是企业内管理的基础，规章制度是对企业内部行为的规定和约束。合理的组

织架构可以为规章制度的制定提供参考和依据，规章制度的完善和执行也可以促进企业内部各部门之间协同作战，从而提高企业整体的管理能力和水平。因此，企业必须注重组织架构和规章制度的制定和执行，以便更好地实现企业的管理目标和发展战略。

2.组织架构与流程的关系

在企业内控管理中，组织架构和流程之间存在相互关系。合理的组织架构可以为流程的制定提供参考和依据，流程的完善和执行也可以促进企业内部各部门之间协同作战，从而提高企业整体的管理能力和水平。例如，在制订业务流程时，企业需要清晰地了解公司各部门的职能和权限，从而设计出一个适合公司实际情况的流程。

因此，企业必须注重组织架构和流程的制定和执行，以便更好地实现企业的管理目标和发展战略。

3.规章制度与流程的关系

规章制度和流程之间的关系在于，规章制度可以通过流程来呈现其包含的流程和步骤。流程图可以为制度的实施提供一个清晰的图像和路径，帮助组织成员更好地理解和遵守制度，从而提高工作效率和质量。同时，在制定规章制度时，也可以借助流程图来分析流程中的瓶颈、漏洞和改进点，从而制定出可行的制度。因此，规章制度和流程是相互关联、相互促进的。

组织架构、规章制度和流程三者之间的逻辑关系还可以从图5-1进行理解。

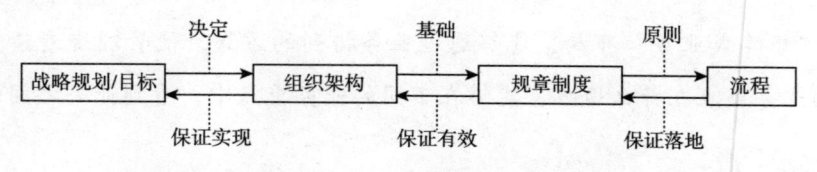

图 5-1 组织架构、规章制度和流程三者之间的逻辑关系

说得更直白一点，组织架构、规章制度和流程共同构成了企业的规矩，

也是内控管理的基石,在遇到具体问题的时候,员工和管理者都可以借助这些工具,寻求解决方法。

管理工具存在的目的很简单,就是让"熟悉业务的人"来约束"不熟悉业务的人",形成一种管理的自组织状态,形成一种自然秩序,这是管理的精髓。企业成为一个建立在规则基础上的结构体,按照目标路径走向未来。

不同性质企业的内控管理重点比较

每一个企业都有自己的内控管理重点,但随着企业模式日益复杂,企业可能同时具备不同性质,比如某知名通信设备公司,其性质不仅是制造业企业,还是一个产融投资企业,在市场中也做零售业务,也是技术装备市场的服务型企业,是解决方案的服务商,同时,这个企业还是以研发创新型为主的项目型企业。随着企业转型与创新的不断深入,更多企业选择了跨界经营模式,类似这家通信设备公司的企业越来越多,我们又该如何去定义这些企业呢?

在此,笔者提供一种方法,对企业的运作性质进行排序,在复杂多变的环境中,让企业的管理者能够充分认清自己的真实处境。

一个简单的企业性质排列方法

"矩阵式业务"布局,能够通过业务排列的方式,使管理者看清楚企业的业务重点在什么地方,能够在不同的业务重点中,看到业务之间的关联性。

比如,一个企业的业务权重可能是这样的排列:零售业>制造业>服务业,没有开展资本运营项目。根据这样的排列可以发现,这家企业具有以零售为主的矩阵架构，再通过数据来复盘资源，就能够看到业务之间的支撑关系。

不同类型企业的内控管理的关注重点是不同的，制造业企业关注的是原材料采购、生产计划、生产过程控制、质量控制、库存管理、成本核算等方面。零售业企业重点关注的是库存管理和销售管理，包括库存预测、进货管理、销售管理、顾客关系管理等方面。

下面可以展开说一说资本运作型的企业内控管理的重点。资本金融业企业的内控管理重点在于风险控制、合规管理和资产管理，包括信用风险、市场风险、操作风险、法律合规、资产评估和出售并购等方面。

资本运作型企业的风险管理和内控管理重点

笔者之所以将资本运作型企业的内控管理结构拿出来重点介绍，原因在于，资本运作的企业是从资产增值和风险控制两个视角介入内控管理的，这个视角对于其他类型的企业具有启发性。

资产管理是一个复杂的流程，需要从业的员工具备非常强的逻辑能力和数据评估能力，事实上，资本运作型企业，要求每一个员工都具备全局分析能力和对超量文本的理解能力。资本运作型企业的内控管理要比其他模式的企业复杂精细得多。投融资的理性要求和纪律性要求是比较强的。

第一，资本金融企业都有非常严格的合规管理，金融从业者的终身信用记录都在册，一个失信员工，其实也就是前程自毁者。金融机构需要遵守国家法律法规和行业规范，建立合规管理制度，包括反洗钱、反腐败、顾客身份识别、信息披露等方面。合规管理需要建立相应的制度和流程，确保合规性。

第二，严格的全流程风险管理必不可少。金融业是高风险行业，因此风险管理是金融业内控管理的核心。风险管理包括市场风险、信用风险、操作风险、流动性风险等方面。金融机构需要建立完善的风险管理制度，包括风险识别、评估、监测、控制和报告等环节。

第三，资本运作型企业需要保护客户及自身的信息安全。信息安全管理包括信息安全政策、信息安全风险评估、信息安全保障措施等方面。金融机构需要加强对信息安全的管理和监督，确保信息安全。

资本运作型企业的内控管理的重点管控对象是资产管理，需要对其资产进行管理，包括资产的采购、使用、保护、处置等方面，以确保资产的安全和有效利用。

在"募、投、管、退"全流程中，需要对投资对象做全程的资产管理，主要内容大体如下：

1. 资产采购管理

企业需要建立资产采购管理制度，制定采购流程、标准和要求。采购前需要进行预算、需求、供应商选择等方面的调查和分析。在采购过程中，需要对采购合同进行审查和签署，并建立采购档案，做到规范化管理。

2. 资产使用管理

企业需要建立资产使用管理制度，规范资产的使用流程。对于不同种类的资产，需要建立相应的使用规范和管理措施。例如，对于机器设备，需要建立设备使用记录、维护保养记录等，以确保设备的正常运转和延长使用寿命。

3. 资产保护管理

企业需要建立资产保护管理制度，确保资产的安全性和完整性。对于重要的资产，需要制定相应的保护措施，例如，加强安全监控、设置安全防范措施等。

4. 资产处置管理

企业需要建立资产处置管理制度，规范资产的处置流程。对于不再使用的资产，需要进行报废、出售、捐赠等处理。在处置过程中，需要对资产进行评估，确定资产的价值和处置方式，并建立相应的处置档案。

5. 资产盘点管理

企业需要定期进行资产盘点，核实资产的数量和价值。盘点过程中，需要对资产进行标识和分类，并建立相应的盘点记录和档案。盘点结果需要与资产台账进行核对，确保资产的准确性和完整性。

资本运作型企业对于员工的管理是依靠非常复杂的本文和合同体系运作的，在组织内控系统中，核心岗位的人员相对稳定，推荐人需要对被推荐人的人品负责，内控管理制度决定了这是一个彼此负责的圈子。

金融资本圈是一层一层的圈层体系，形成了不同的金融生态。一流的企业从来就不会用鞭子守着人干活，他们能找到有内驱力将事情做好的人，这就是内控管理的规则。

资本运作型企业一般员工的内控管理流程

（1）招聘与录用：企业会制定招聘标准和流程，确保招聘过程公平、透明，招聘到符合要求的人才。同时，企业会对新员工进行背景调查和资格验证，以确保其资历真实、符合要求。

（2）岗位职责与权限：企业会清晰地定义每个岗位的职责和权限，并严格控制员工的权限范围，确保员工在工作中只能访问其需要的信息和系统。

（3）内部培训：企业会为员工提供必要的培训和教育，使员工能够掌握所需的技能和知识，提高工作效率和质量。

（4）绩效考核：企业会制定绩效考核标准和流程，对员工的工作表现进行评估，并根据评估结果制定奖惩措施。

（5）内部监督：企业会建立内部监督机制，对员工的行为和工作进行监督和管理，发现问题及时纠正和处理。

（6）信息安全：企业会对员工的信息安全意识进行培训，并通过技术手段对企业内部的信息进行保护和管理，防止信息被泄露和滥用。

以上流程说明，即使是一般员工招聘，也需要"绝对真实"，不能有任何"添油加醋"的行为；另外，在企业中，即使是一般员工，也会接收到重要的金融市场信息和一些未来的投资计划，这些员工需要保密，不能滥用信息给自己谋私利。这些措施和流程可以帮助企业有效地管理员工，确保员工行为符合企业的规章制度和法律法规，保障企业的正常运作和发展。

公司制度的编制原则和方法

公司制度编制过程中，需要一种适用就好的思维方式。大公司和小公司不能采用一样的管理模式，很多管理者说，企业一开始就要"立规矩"，其实在实践中，这是做不到的。笔者和一位管理者聊过同样的事情，他需要一套完整的内控管理制度。但企业规模小，中高层分工不明确，一人负责几项工作，如果按照变革流程，就需要明确的分工，需要增加人手，因此，企业尚处于扩张阶段，需要一种人治和内控体系的混合模式。

无论是大公司还是小公司，在制定公司制度的时候，都需要遵循一些共同的规则。

不同规模公司制度的编制原则

（1）要建立适合的目标体系。无论是大公司还是小公司，都需要设定明确的目标和战略方向，以便员工能够明确自己的职责和任务。

（2）要建立符合实际的组织架构。无论公司规模大小，都需要建立清晰的组织架构，明确各个职位的职责和权限，以便员工能够协同工作。

（3）要建立讲理讲信用的员工管理模式。无论公司规模大小，都需要对员工进行管理，包括薪酬福利、培训发展、绩效评估等方面。

很多在大企业做管理者的人，跳槽到小企业做管理者会不适应。事实上，管理体系和人员组织之间需要高度匹配才能有效，管理学领域的知名学者彼得·德鲁克也认为有效是第一位的。

在公司制度编制过程中要抓住企业特质

大公司的公司制度注重大规模协同性，这是大系统运作的规律，精益管理要求各路人马按时按点完成项目目标；小公司则具备非常强的投机性，往往看到一个机会，就会迅速决策，在短时间内采取大量的行动来把握机会。二者的这种差异性也体现在员工的内控管理体系中。

（1）在决策速度上，大公司强调完整的决策流程。大公司由于规模较大，决策速度可能较慢，出台一项决策需要经过多个部门的协调和审批。而小公司由于规模较小，决策速度可能较快，决策过程相对简单。

（2）要注重管理层次的问题。大公司通常有多层管理层次，决策和管理需要经过多个层面的协调和审批。而小公司通常只有几个管理层次，决策和管理相对简单。

（3）需要理解不同的管理方式的适用问题。大公司通常采用专业化的管理方式，将不同的职能分配给不同的部门和人员来管理。而小公司通常采用综合化的管理方式，一个人或几个人需要负责多个职能。

（4）大公司和小公司的文化氛围也有所不同，大公司通常更注重规范化和流程化，而小公司更注重灵活性和创新性。

不同公司的制度编制原则和方法，在文本层面基本都是相同的，毕竟这是一个生成企业组织共识的过程，其实现需要经过若干次动员和讨论，所有人都要对即将到来的管理变革进行表态。充分地讨论是一种对于制度体系预热的方式，自己参与制定的规则，自己肯定要遵守。

公司制度编制发布的一般流程

（1）明确编制的目的和范围：明确编制规章制度的目的和范围，以及需要制定哪些规章制度。

（2）组织编制：确定编制规章制度的责任人和编制小组，明确编制的时间、任务和要求。

（3）调查研究：对编制规章制度的相关问题进行调查研究，了解相关法律法规、政策和标准等。

（4）制定初稿：根据调查研究的结果，编制规章制度的初稿。

（5）征求意见：将初稿分发给相关部门和人员，征求他们的意见和建议。

（6）修改完善：根据征求意见的结果，对初稿进行修改完善，形成正式的规章制度。

（7）批准发布：将规章制度提交公司领导审批，经批准后发布实施。

（8）宣传推广：公司需要对新制定的规章制度进行宣传推广，以便员工了解并遵守规章制度。

企业管理者会发现自己的管理问题，这时原有制度已经不适用了，很多问题都会重复发生，就像孩子长高了，旧衣服穿不了，需要一套新衣服一样。企业会自己撰写管理制度，大部分企业会聘请第三方服务企业来帮助其确立新的管理制度，并且有一个周期性的导入过程。事实上，从全球管理变革的实践来看，基本都是委托外部第三方管理服务公司进行系统导入和员工培训，而且会获得更好的效果。

外聘咨询公司参与管理变革，提供服务的原因有很多，管理咨询公司通常有经验丰富的管理专家，他们具有丰富的管理知识和经验，能够提供全面的管理咨询服务，帮助企业找到最适合自己的管理变革方案。

企业内部员工往往会受企业文化、利益相关者等因素的影响，难以客观地评估现有的管理模式和流程。而咨询公司作为外部的专业机构，能够客观地评估企业现状，提供专业建议。在管理变革的过程中，客观视角是很重要的一件事。

人性、制度和流程的互补关系

人性是管理过程中的积极因素，处理不好就会变成消极因素。因此，在内控管理运行和监督章节里，笔者有必要将组织管理的人性因素提纯出来，通过一般规律，让人理解组织行为和个人行为的不同点，从而从人性的需求入手，创立一个"以人为本"的内控管理系统。建立"人性、制度和流程三角模型"的企业，能够更好维持系统管理。

在这里，引入詹姆斯·马奇的组织理论框架，这对于理解"人性、制度和流程三角模型"的互补关系有益。

詹姆斯·马奇（James March）在组织理论领域的核心观点

詹姆斯·马奇是全球组织理论的知名学者之一，对于组织管理和组织运行过程具有深刻的理解能力，其将组织运行过程的特点总结为五个关键词：有限理性、跟随行为、路径依赖、组织学习、复杂多样。

组织中的人在决策时，受到信息不完全、认知能力有限等因素的影响，无法做出最优决策，只能做出有限理性的决策；组织中的人往往会跟随其他人的行为，而不是根据自己的判断做出决策；组织的历史发展路径会影响组织的现状和未来发展，而这种影响是具有惯性的；组织的学习是一种社会化的过程，通过成员之间的交流和互动，组织可以不断地学习和适应环境；组织是一个复杂的系统，其中的各种因素相互作用，导致组织的行为和决策具有不确定性和多样性。

人是理性的，也是有情绪的，会抗拒变革，尤其是激进变革。组织需要潜移默化地改变，管理者需要理解组织的复杂性，不要认为弄一堆文本就完成变革了。这些观点对于组织理论的发展和实践都具有重要意义。

理解人性是企业进行本地化和本土化变革的前提，在詹姆斯·马奇的五个关键词中，已经体现了群体的行为规律，企业根据组织群体的行为规律，采取变革行动，成功的可能性会比较大。很多管理者在进行组织变革的时候，往往凭借自己的意志力力推，这样难以实现好的效果。

因此，"人性、制度和流程"三角模型虽然有一点儿绕，但管理者一旦理解了三者的互补关系，管理能力和视角就升维了。

（1）考虑人性对制度和流程的影响，变革的导入需要一个渐进的过程。管理变革需要员工的积极参与和支持，因此企业在制定制度和流程时需要考虑员工的需求和感受。如果制度和流程过于烦琐、复杂，员工可能会感到沮丧和抵触，从而影响变革的实施效果。因此，企业需要在制定制度和流程时，要充分考虑员工的反馈，适当简化流程和制度，提高员工的参与感和满意度。

（2）需要迅速找到制度流程不合理的地方，马上就改。制度和流程对员工的行为和态度产生重要影响。良好的制度和流程可以规范员工的行为，提高工作效率和质量，从而增强员工的工作动力和满意度。反之，如果制度和流程不合理，可能会导致员工的工作质量下降，工作效率降低，从而影响员工的工作积极性和满意度。

（3）制度需要符合实际情况，流程使员工形成习惯，人们喜欢做熟悉的工作，这就是人性。制度需要根据员工的实际情况和工作流程来制定。如果制度不符合员工的实际工作流程，可能会导致员工的工作效率降低，工作质量下降。因此，企业需要在制定制度时，应充分考虑员工的实际情况和工作流程，制定合理的制度，提高员工的工作效率和工作质量。

人性、制度和流程是相互关联的，它们之间的互补关系会影响管理变革的效果。企业在进行管理变革时，需要充分考虑这些因素之间的关系，制定合理的管理策略和方案，提高员工的工作效率和工作质量。

管理职能、规章制度和流程的关系

企业各级管理职能、各项规章制度和各项流程之间的关系以及相互的匹配度值得关注。

1. 管理职能与规章制度关系

一个管理职能必须匹配一个或一个以上的规章制度，以保证管理职能得到实施。一般有两种处理方法，一种是每一个一级管理职能匹配一个大的规章制度，但必须涵盖该管理职能所含的各级职能；另一种是不同层级的管理职能除共性部分以外，一个管理职能匹配一个规章制度。

2. 规章制度与流程关系

规章制度明确与规定了运营管理的做事原则，而流程则规定运营管理的做事路径，二者是相互依存的关系。一般一个规章制度必须匹配一个或几个流程。

3. 绘制规章制度与流程的顺序

一般情况都是先有制度再有流程，但也有一些情况是可以先有流程再有制度。

在实践中，流程有两种绘制方法，一种是被广泛使用的流程图，是流程管理的共同语言；另一种是流程表，流程表的特点是容易绘制，通俗易懂，适合非专业人员绘制。当然，最好请专业人员将流程表转换成流程图，以便编、装订成册。

内控管理体系实施过程的监督方法

从企业的视角来看,内控管理体系的实施是一个企业的战略决策,是重大的企业转型行为。

内控管理是企业一种整体变革,在变革过程中,有很多意外发生,因此,这是一个复杂艰难的过程,需要企业一手抓运营管理,一手抓变革管理。企业是无法做"休克疗法"的,因此,内控管理系统实施的过程中,需要从一些不影响业务的部门入手,逐步进入业务部门。

将内控管理系统导入当成一个项目来做,是一种实施的思维,在此过程中需要将监督部门导入计划。以下是监督小组的工作内容。

内控管理系统导入过程中监督小组的工作内容

内控管理体系想要执行下去,需要引入第一责任人制度,确立专门的监督小组,实现组长负责制,对于整体问题做预案,对于周期有评估,对于出现最坏的局面有准备,并且在时间周期上,摒弃"一招就灵"的思维,将监督工作作为长期任务来落实。

(1)内控管理系统项目计划和目标的制订:监督小组会与项目导入组合作,确定项目的关键节点和阶段性目标。

(2)内控管理项目进展的监控:监督小组会定期监控项目的进展情况,包括进度、成本、质量等方面的情况,及时发现问题并采取措施解决。对进展过程中具体的难点进行现场调研,听取改进意见。

(3)内控管理过程中的风险管理:监督小组会对项目风险进行评估和管理,制订相应的风险管理计划,及时发现和应对潜在的风险。管理导入不能影响经营，需要保证业务主体的畅通无阻。

（4）内控管理过渡期的资源管理：监督小组会协调和管理项目所需的资源，包括人力、物力、财力等方面的资源，确保项目能够按计划推进。

（5）项目导入评估和总结：监督小组会对项目进行评估和总结，分析项目的成功因素和不足之处，为今后的工作提供经验和参考。

在导入内控管理系统的时候，企业需要将监督机制常态化，完成对企业内控管理进行监督和评估的过程。建立独立的监督管理机构，对企业内部控制体系的有效性和合规性进行评估，发现问题并提出改进措施。同时，企业需要加强对监督管理机构的监督和管理，确保其独立性和客观性。限制监督者权力，防止权力滥用，在大组织中，这是一个需要解决的问题。

第六章　从内控管理到内生创新管理

我们需要用新的视角来看待企业的内控管理问题，内控管理不仅是追求一种秩序，还是重塑企业增长的动力。企业需要突破自己的惯性框架，敢想敢为，爆发创新能力，使内部的新价值要生长出来，从而在市场中，走上超越之路。

在"反馈—行动"中重建系统动力

企业内控管理的目的不再仅是让管理者高校管理，让社会监督机构看到企业处处合规，这些都已经成为企业的基础工作。企业基础工作做不好，就是带病竞争，问题迟早会暴露出来的。

很多管理得很好的企业都破产了，因此，内控管理系统并不是企业实现稳定发展的保障，只是企业正常运作的基础。本书倡导的内控管理体系，事实上是在传统内控管理的基础上，再加上一个新的体系，这个体系就是内生创新管理。

企业以创新获得价值，对于部分企业管理者而言，这是其观念盲区。这些企业从来未进行过创新活动，因此，无法明白创新带来价值的内在逻辑。

重构观念是一个艰难的进程，已经获得成功的管理者，往往具有非常强的路径依赖，这也体现了企业的观念变革和整体导入内控系统的艰难性。

从路径依赖到路径突破

在现实中,有一个普遍现象,就是当企业出现衰退征兆,或者进入衰退期的时候,管理者才想到突破对于旧路径的依赖,开始寻找新的战略转型的方向。

路径依赖是指过去的选择和决策对当前和未来的选择和决策产生影响的现象。企业成功过程中,路径依赖是不可避免的。这种行为叠加也容易发展出一种比较优势。

企业在发展过程中,会根据自身的资源、能力和市场环境做出一系列决策和选择,这些决策和选择会影响企业的未来发展方向和路径。很多管理决策者将自己的成功经验当成法宝甚至真理,有时,这种内在自洽的认知思维模式,导致企业在市场变化的时候出现了衰败。

在企业发展初期,如果企业的决策和选择是正确的,那么企业就会走上成功的道路,并形成一定的路径依赖。反之,如果企业的决策和选择是错误的,那么企业就会走上失败的道路,形成另一种路径依赖。

因此,企业成功者产生路径依赖并不是一件坏事,它可以帮助企业在未来的发展中更好地把握机遇,提高成功的概率。但是,企业也要时刻保持警惕,避免因为路径依赖而忽视变化和机遇,从而导致企业衰落。

这就回到了前文提过的观点,企业管理者的傲慢对于企业组织的生存是致命的。走出"成也萧何,败也萧何"的路径依赖,跳出怪圈的方法就是创立新的体制,实现体制不断自我纠错的能力,管理者可以避免很多不必要的烦恼。

好的管理者会创造出更加科学有效的体制,并且将此作为赢得未来的根本。而其基本方式,就是不断引入新鲜血液,在内控管理系统中容纳创新模块。管理者需要和已经到达彼岸的人进行连接,而不是排斥之,这是基本思维和做法。

企业实现突破的方式就是创造一种新的"范式",杰出企业家都是善于创造新范式的人，用组织创新来容纳创新体系和创新技术。

突破路径的方法可以总结为"一个中心，五个发力点"，这些都可以纳入内控系统中，使内控管理转变为内生创新系统。"一个中心"就是确立战略管理者创立新体制，"五个发力点"如下：

1. 重新审视企业的核心竞争力

企业需要重新审视自己的核心竞争力，找到新的增长点和发展方向。通过重新审视企业的优势和劣势，可以发现一些之前被忽视的机会和潜在的市场需求。

2. 引入外部资源

企业可以通过引入外部资源，如人才、技术、资金等打破路径依赖，从而实现转型升级。通过与其他企业、高校、研究机构等建立合作关系，可以获取更多创新资源和知识。

3. 创新组织文化

企业的组织文化是影响企业路径依赖的重要因素之一。为了打破路径依赖，企业需要创新组织文化，鼓励员工提出新的想法和建议。企业可以通过实施员工培训、激励机制等方式来鼓励员工的创新和创造性思维。

4. 推行管理创新

企业需要推行管理创新，通过引入新的管理理念和方法，来打破路径依赖。例如，企业可以引入先进的数字智能化管理工具和技术，来提高企业的管理效率和决策能力。

5. 重视市场营销

企业需要更加重视市场营销，了解市场需求和竞争状况，及时调整企业的战略和产品定位。通过市场营销的手段，企业可以吸引更多顾客，提高企业的知名度和美誉度。

企业的系统动力学和信息控制论之间有千丝万缕的关系，重建企业的体制，本质上就是重新建立"反馈—行动"路径，一个管理者之所以保守，是因为他一直处于一种封闭的旧路径，接收到外界的高质量信息刺激不足。

我们强调企业管理领域转变为数字化组织的原因就在于不断的信息刺激，让管理者的认知从固化状态转变为一种积极开放的状态，能够主动采取行动，加快企业的变革节奏，在"依赖—反依赖"的思维中，找到一种平衡矛盾的力量。

从内循环到外循环的战略转变

当今的经营环境，"内生价值是相对的，开放性价值是绝对的"，优秀的管理者会笃定开放，绝不会一个人开小饭桌，吃独食。"战略双循环理论"不仅适用于一个大国经济体，也适合任何一个企业。

一个企业管理者的成就，不是他在管理岗位的时候，企业兴旺，而是当他离开管理者岗位的时候，企业依然兴旺，这就是优秀的企业家和管理者的战略价值。

内控管理变革考虑内生价值的必要性和外部价值的充分性

企业根据自己的经营条件有节制地开放，带来的好处肯定大于坏处，在开放环境下成长起来的企业，是具有全局竞争力的。这是企业史告诉我们的寻常道理。

"打铁还需自身硬"的思维和"外来的和尚会念经"的思维，应该融合到一个管理体系中。在本书中，笔者重点描述的内控管理体系的出发点就是内生价值的必要性，也就是构建企业的创新能力，这是企业管理者必须完成的管理进程，不参与创新或者排斥创新，就不是一个合格的管理者。

原因很简单，经济增量主要来源于综合创新，而不在于成熟市场的价

内控管理洞见——数字时代由外而内的创新思维

格竞争，因此，追求增长的企业会自动走到创新的道路上。

现在的内控管理流程比传统工业时代更模糊，也更复杂，原因在于现在的管理纳入了知识管理和创新管理，这是基于新兴古典经济学的理论，诺贝尔奖获得者保罗·罗默提出"内生增长理论"，他强调知识是一种非减少性的资源，知识可以通过分享和交流来增加，而不是像其他资源那样被消耗和减少。打造学习型组织，就是为企业积累资产。

罗默认为，技术进步是经济增长的内生因素，是经济增长的主要驱动力。他认为，技术进步可以通过保护创新和知识产权来实现。

罗默还认为，具有内生价值的组织，包括经济体，都是不断积累知识的组织，而知识进步和技术进步带来的效果是持续的，而且技术进步的效果可以通过技术的复制和推广来扩大。获取关键人才带动本企业的人才认知升级，这是企业自身的教育投资，同时，企业下决心保护知识产权，也可以激励创新。

这就是对内生价值必要性的阐述。

内控管理的外部性也是一种组织创新，这个观察视角去除了"自我中心"，将自己的企业看作无数资源网络中的一个节点。外部性思维对于内控管理思维的影响是结构性的，这意味着整合资源开始主导内部挖潜式的效能管理。

构筑企业的资源外循环体系也是一种管理模式的创新，这可以实现多个市场最优价值点的组合，这种组合促进了市场资源的合理利用，企业外循环战略则强调与外部市场的合作和交流，可以获得更多资源和市场机会。企业只有准确了解情况，才能够采取正确行动。

企业内生价值管理可以提高企业的自给自足能力和抗风险能力，外部资源整合可以扩大企业的市场和资源，从而增强竞争力。内外结合，可以促进企业的可持续发展，实现自身、社会和环境的协调发展。做一个有竞争力的企业，就需要保持足够的开放性。这也是内控管理外部性的战略价值所在。

内生创新管理需要有充分的外部协同和资源整合才能够实现,管理者需要保持足够的资源开放性,因此,新的管理系统需要自动容纳这种开放性。

市场环境不断变化,管理者需要保持足够的资源开放性,才能及时调整企业的战略和业务,适应市场的变化。资源开放性可以提升企业的创新能力,通过吸收外部的资源和知识,帮助企业不断推出新产品和服务,提高市场竞争力。

资源开放性可以促进企业资源的整合,通过与外部资源的合作和整合,提高企业的资源利用效率,降低企业成本。进入新市场,找到伙伴,可以帮助企业开拓新的市场,通过与外部资源的合作和整合,扩大企业的市场份额,提高企业的盈利能力。

创新和选择,内控管理的对接舱模型

现在,每一个企业的周围,都围绕着一圈企业,形成一个供应链。单独企业早就成为一个协作网络中的节点,而不是一个完整的价值输入输出者。

两个企业之间如果做比较的话,我们就要看两边的企业家,谁能创造性地整合出更大的生态圈经济,并且具备将这种生态圈拓展到全球市场的能力。

企业的创新是一种资源组合,是因为创新需要整合和利用企业内部和外部的各种资源,包括技术、人力、财务、市场等方面的资源,从而实现新产品、新服务、新流程等方面的创新。因此,创新可以看作一种资源组合的过程。同时,创新也可以看作一个资源选择的过程。企业需要在有限的资源条件下，选择合适的资源进行整合和利用，以实现创新。例如，企业可以选择在技术领域进行创新，也可以选择在市场营销方面进行创新，这取决于企业的战略定位、资源配置和市场需求等因素。因此，在某种程度上，创新确实是一种资源选择的过程。

从社会化、数字化营销看内控管理结构的多孔性

企业内控管理系统变化比较剧烈的领域，应该是营销领域，变得整合渠道需要"一揽子"解决方案。旧的单一渠道营销方式对于企业运营是致命的。在数字化时代，企业营销渠道的变化是不可避免的，企业应该积极看待这种变化，并采取行动适应这种变化。

企业需要建立一个体系来应对这个变化，在营销领域，企业"接受企业作为一个多孔结构体的新现实"。

企业的营销部门需要和不同性质的主体打交道，而不是简单的代理商体系，数字化营销渠道有很多种，包括社交媒体、搜索引擎、移动应用等。企业需要了解每种渠道的特点，以便更好地利用它们进行营销。

顾客是散落的，因此在营销过程中，企业应该制定数字化营销策略，包括确定目标受众、选择合适的渠道、制订内容计划等。其运营对象是若干种不同对象的组合，这些都在考验企业的管理系统的应对能力。

正如一位"90后"创业者说的那样："我们打败上一代企业的工具是快节奏和打战略游戏一样的瞬间决策能力。"数字化营销是一个不断变化的过程，企业需要不断优化营销策略，以适应市场的变化和消费者的需求。

因此，数字化营销需要投入足够的资源，包括人力、财力和时间等。企业需要明确投入的资源，并合理分配资源，以达到最佳效果。笔者分析近年来在营销内控系统中的一些规律，它们大概有四大特点：

1. 数据驱动的营销

企业可以通过收集和分析大量的市场数据，了解消费者的需求和偏好，

从而制定更加精准的营销策略。

2. 社交媒体营销

社交媒体已经成为企业营销的重要渠道，企业可以通过社交媒体平台与消费者进行互动，提高品牌知名度和黏性。

3. 个性化营销

数字化条件下，企业可以根据消费者的个性化需求和偏好，有针对性地推出个性化产品和服务，提高消费者的满意度和忠诚度。

4. 利用人工智能技术

企业可以利用人工智能技术，实现自动化的营销活动，提高营销效率和精准度。

之前，企业营销的结构就是少数几个接口，现在，可能有成千上万个大小不一的接口，仅凭个人已经无法完成面对面管理，而且一些小的营销需要瞬间作决定，瞬间决定就是瞬间选择，因此，基于数据和人工智能的实时反馈能力，客观环境也在助推企业实现数字化和智能化。

企业需要理解整个市场的结构，然后总结出一个模型，按照模型设计好实操的结构，形成可操作的文本，在局部进行营销实验。

可能有的管理者会提出不同意见，认为这是一种数字化的盲动主义。其实这是一种误解，多种探索性的实操实验主要是在具体项目上能够快速实现盈利，而且在系统层面证明系统的有效性，最终目的还是创造一个系统，而不是做一个单纯盈利的个案。这是一个生意和一个系统的差别。

空间站对接舱模型对于内控管理的架构启发

之前，我们将企业运行的事业称为买卖，这是传统的商业模式，意味着企业有一个进口，也有一个出口。

以空间站系统为例，引入工程思维，将企业的创新行为变成一个多元

内控管理洞见——数字时代由外而内的创新思维

接口对接外部资源的对接舱。这个舱室的存在，就是整合内外资源的太空泊坞，为每一种不同性质的太空舱提供接口。

以国际空间站为例，至少有四种接口出现在对接舱上，即货运非常接口、燃料接口、多功能接口、高精度自动对接接口，其目的就是满足整个大系统的输入和输出需求。这些接口类型具有不同的特点和适用范围，可以根据需要进行选择和使用。

空间站的对接舱依据功能设计要求，在外形设计上，对接舱通常为圆柱形或圆锥形，外形设计紧凑，便于在太空中进行对接操作。材料具备高强度，能够具有更高抗冲击能力，为对接建立了专门的通信和实时数据传输能力，实现自动化控制，以确保对接操作的精确性和安全性。而这些工程设计的思路，正为企业设计外部协作性提供了思路。

在中国的一些大企业中，正在设计一些类似于对接舱的协作平台，实现企业和外部资源的紧密联结，这个开放式的数字智能化平台，事实上是内控管理系统联结内外资源的新实践，也是中国企业面对复杂市场环境的一次管理创新。

这些协作平台不仅能够联结战略合作伙伴，还能够精细到联结企业的每一个接入系统的顾客，从而实现企业对于外部资源的全面管理。这些兼容了企业内部性和外部性的新协作平台的特点可以用五个关键词来描述：开放性、智能化、安全性、个性化和生态化。

举例来说，海尔卡奥斯平台是一个开放的平台，商业顾客和消费者都可以在平台上找到自己和企业的不同对接方式，集成各种不同品牌的智能设备，实现设备之间的互联互通。平台采用人工智能技术，可以通过学习顾客的生活习惯和偏好，自动化地控制家居设备，提升顾客的生活品质。平台采用了多重安全防护措施，确保顾客的隐私和数据安全。平台可以根据顾客的需求和喜好，定制个性化的智能家居方案，提供更加贴心的服务。平台不仅是一个智能家居平台，还是一个智能生态系统，可以与其他智能设备和服务进行无缝对接，实现智能家居生态的全面升级。

风险内控管理日益体现基础性和辅助性

管理者对于系统性的内控管理还有疑问，觉得在"运营已经大于管理"的新时代，再谈流程管理和有秩序的内控管理已经过时。事实上，内控管理已经日益变成企业的基础工作，没有与之适合的内控管理系统，企业的运营和创新无从谈起，没有系统性顺滑的流程性，就没有良好运营的基础环境。

俗话说"基础不牢，地动山摇"，事实上，在管理矩阵中，某个项目因为基础工作没有做好，导致失败的例子太多。好不容易冲上高峰，脚跟还没站稳，就落个坍塌的下场。

因此，认同内控管理系统的基础性和必要性，将之当成企业的重要资源，是管理者要重视的问题。

原来，内控管理的价值在于增加企业运营的确定性；现在，内控管理的目标则需要面对企业在动态市场里的不确定性，因此，内控管理系统中的风险控制功能需要再次放大，成为企业的战略运作的基础工程，没有系统防风险的能力，企业很难存活。

应急风险管理和创新风险管理是一项基础工作

不确定的市场环境和社会环境，对企业风险控制的能力提出了更高要求，很多传统企业的经营也不得不面对一个新现实，那就是风险来自四面八方，造成企业内外部具备强烈的波动性，这对于"求稳怕乱"的管理者来说是一件痛苦的事情。

因此，每一个企业都需要危机意识。设想一百种、一千种被外部杀死的可能性和危险性，并且提前展开行动，事实上，最优秀的企业管理者并不会停留在荣耀里，而是明白居安思危的道理。

恐惧让人行动，行动中的恐惧让人注重效能，这就是很多大企业在前沿领域疯狂推进新技术和新产品研发的原因。内控管理系统需要向每一位员工导入外部的风险性，激发其警惕心，以迅速行动来应对外部风险，这项工作正在成为企业未来生存的基础。

对抗风险的底层需求，成为大企业运作的集体心理，这是凝合大企业的一种方式，也是内控管理的价值所在。企业需要对内部和外部风险进行评估，并采取相应的控制措施，以确保企业的稳健运营。

系统性的风险识别是全员性的事情，每一个企业中的人看到可能性的风险，都会变成管理系统中的有价值信息，通过系统处理，成为大家看得见的风险，并且将焦虑转化为行动。

打造一个具备危机意识的企业包括三方面内容：风险识别和评估、风险控制和风险转移。

在风险管理方面，华为的内控管理系统是杰出的，我们可以从其公开的信息中找到系统性的风险管理之道。

首先，识别和评估风险，认识风险。企业需要对内部和外部风险进行识别和评估，包括市场风险、信用风险、操作风险、法律风险等。具体方法包括：制定风险识别和评估的流程和方法，建立风险清单，对各项风险进行评估和分类；分析市场、竞争、政策、技术等方面的变化，及时发现和评估新的风险；建立风险信息收集和反馈机制，及时掌握风险信息，使风险按照危险程度显露出来。

其次，针对显露的风险，实现风险控制，并且将风险控制纳入企业的内控管理系统。企业需要采取相应的控制措施，包括制定相应的政策和流程，以及加强内部控制。具体方法包括：制定风险控制政策和流程，明确风险控制的责任和权限；加强内部控制，建立完善的内部控制制度，包括审计、监督、检查等；采取风险分散和避免集中化策略，如分散投资、分散采购等；建立应急预案，预先制定应对风险的措施和方法。

最后，引入技术创新体制创新等一系列综合行动，实现风险转移，在风险中超越，将风险变成机遇。转移风险的方式，就是一种无边界的思考和行为，针对风险进行的创新行为是一种典型的应对之道，面对可能的"卡脖子"就要提前做工作，这个工作是具体的。有些风险是创新过程中带来的资源风险，那就需要"一揽子"风险转移体系来解决问题，风险转移的原则，就是尽量减少企业的风险，将风险切成小块，转移风险。企业可以考虑采取风险转移的方式，将风险转移到保险公司或其他。具体方法包括：产品层面，购买保险，将风险转移给保险公司；项目层面，与其他企业或机构合作，共同承担风险等。总之，企业需要对风险进行全面的评估和控制，采取科学的方法和措施，以保障企业的稳健运营。

风险管理被纳入内控管理的每一个运营细节，这是不确定时代给企业提出的新要求。内控管理可以帮助企业识别、评估、管理风险，包括财务风险、流程风险、合规风险等，从而减少失误、避免损失。更重要的是，风险管理要变成一个"由外而内"的驱动机制，而全球大企业的内核，都是这样一个驱动力的机制。

对于不确定性风险，拥有完善内控系统的企业最终都会回到基础工作，扎扎实实做事，将企业的根基扎得很深，它们会加强技术储备，提高技术研发能力，降低技术风险，建立专业的创新团队，吸纳高素质人才，提高创新团队的创新能力和风险管理能力。

内控管理体系下的内部创业文化实践路径

企业内部创业是内控管理系统中的一个战略模块。企业应该将自己看成一个物种，物种的价值是延续下去。

出色的企业培养的是连续创业者，而旧组织培养的是埋头做事的员工，埋头做事不重要吗？很重要，但那是工业组织的事情，随着科技的发展，标准化工作越来越让位于机器人，连续创业者才是企业希望看到的新角色。

一些前沿科技公司的内部创业策略

当代一些创新组织都是扁平化的组织形态，总裁和员工共用一个电梯，总裁和员工在一个食堂排队吃饭，尤其是最近十年崛起的大公司，都是这样的文化。甚至在开会的时候，也不会安排总裁坐在第一排，而是让他们随意找位置。

这些新公司的内控管理都是数字化、智能化的，制度已经变成了代码，渗透进每一个管理细节，也形成了自己的"去形式主义"流程。这就是一种平等创业的文化，所有人都是员工，也都是内部创业者，一切管理都支持这些员工在两个角色之间进行横跳。

1. 企业鼓励创新

一些创新企业通过内部创业的方式，激发了员工的创新热情，鼓励员工提出新的创意和想法，从而推动企业的创新发展。

2. 重视人才培养

内部创业需要具备一定的创业能力和素质，因此，一些创新企业注重人才培养，为员工提供相关的培训和支持，提高员工的创业能力。

3. 通过内控系统流程强化内部创业管理

为了推动内部创业的顺利开展,一些创新企业建立了相应的内部创业管理机制,如内部创业基金、内部创业孵化器等,为内部创业提供了必要的支持和保障。

在强化内部创业管理方面,有的企业也做了一些尝试,但从全局来看,还是缺少全局性的氛围。优秀的创新企业的内部创业流程大体包括四个步骤。

(1) 创业团队的组建:企业应该根据内部创业项目的需要,组建具有相关技能和经验的创业团队,并且为其提供必要的资源和支持。

(2) 创业计划的制订:创业团队应该制订详细的创业计划,包括市场分析、竞争对手分析、商业模式设计、营销策略等,以确保项目的可行性和商业化前景。

(3) 创业过程的监督与管理:企业应该建立相应的监督和管理机制,对内部创业项目进行监督和管理,确保项目能够按计划顺利进行,并及时发现和解决问题。

(4) 评估与激励:企业应该建立内部创业项目的评估和激励机制,对项目进行定期的评估和反馈,给予优秀项目组成员相应的激励和奖励,鼓励创业团队不断创新和进步。

系统内部的创业行为,相对于系统外部的创业者,一开始就找到了应用市场,因此,创业成功的可能性要大很多。但在系统外部,往往隐藏着少数的天才创业者,而这些成熟企业会成立风险投资基金,通过早期投资和并购等方式,以获得一种未来的红利。

内控管理推进企业创新的流程

内控管理流程需要去掉形式主义文化，这不是一件容易的事情，这需要在流程中去掉一些"彼此恐惧"的亚文化，去除尊卑逻辑，创见和思考面前人人平等。集体创新心理氛围的营造，从尊重想法开始，而这一切都不是停留在语言层面，而是要落实，重要的是将思想变成思路，思路变成流程。

敢讲话是创新型组织的表现之一，这样的组织表现考验管理者的雅量和人格的成熟度。创新是一种氛围，属于软环境建设，很多企业组织对于硬环境认知清晰，但是对于软环境则缺乏认知。

企业在流程中，不仅要按照规定程序来完成任务，还要不断植入新的想法，一边走流程，一边讨论，将新想法置入流程。这种迭代性的管理模式会带来一定的混乱，但创新组织本就不追求整齐划一性，过度注重形式和程序而忽略实质和效果，会导致一些不良后果。

对于创新型流程组织而言，含有两种流程，一种是常规方式，一种是超常规方式，而作为流程组织的设计者，需要将超常规模式纳入系统，变成一个管理任务。

企业管理者需要不断反思自己的固有观念和偏见，以此尽可能减少这些因素对企业发展所产生的负面影响。在现代经济环境中，变化是常态，企业必须不断地适应变化、开拓新市场、满足顾客需求，如果管理者束缚于固有观念和习惯模式中，将无法有效应对这些挑战和机遇。

为何批判性思维是创新发展的根本思维？

创新的文化是一种"七嘴八舌"的文化，不是一人讲话其他人传话的机制，企业内控管理机制，需要在做标准化组织的同时，留下一个空间，容忍员工去自由讨论。企业需要真实，需要有将问题暴露出来的机制，这是企业管理的一项核心工作。内控管理系统是有性格的，比如典型的科层制系统，其中内含着"哄着领导开心"的内在机制，在相对的稳态社会中，也不是什么问题，但在数字化社会高度竞争之下，不敢面对内部问题的科层制管理模式，会得到一个接一个的教训。

国内某大企业管理者曾经因为员工提出万言书而开除了此人，后来自己通过迅速反思，提出了"人人都应该有想法、提建议"的机制，这种转变其实是很难得的。培养反思能力可以帮助企业管理者避免陷入刻板印象和思维定式，发现问题的本质，并给出相应的解决方案，同时能促进员工参与到企业管理决策中来，增强企业创新能力，提高管理效率。

企业可以按照流程办事，但不能固化在流程里，一边做事，一边谈论的过程，事实上也是培养新共识的过程。在讨论中，加入新逻辑、新证据，能够推动员工不断地探究问题的本质和真相，从而发现问题的症结所在，寻找解决问题的方法，鼓励员工对传统观念和思维方式进行挑战和反思，从而激发创新意识，推动人们寻找新的解决方案。

批判性思维可能会让人不痛快，但企业中的人应该设法从"理性人"的视角看问题，企业中的人都是为了解决具体问题而生的，因此，想更好地解决问题，就要直面问题。对于创新管理而言，这是组织创新的基础文化。

如果组织中缺乏批判性思维和创新精神，往往会被固有的观念所束缚，难以适应变化和创新。因此，企业组织应该鼓励员工具有批判性思维，同时在管理中注重实际效果，而非过度依赖形式和程序。

内控管理体系下的内部创业创新文化实践路径

在前文中笔者已经说过,创新流程的文化内核是培养"创业者"而不是一个执行型员工,因此,如果我们观察一下这样的企业组织,就会发现这些企业组织内,团队往往拥有更高的创业创新热情,谷歌在管理流程中的创新文化是值得借鉴的。

在谷歌内部,并不忌讳谈论创业,实际上,每一个项目申请人均可以申请内部创业项目,在公司内部组织团队,谷歌流程中会辟出20%的时间让小团队来完成自己的项目,若项目在两年之内取得成功,团队可以得到谷歌另外的投资,员工就可以成为独立的创业者,企业也能成为谷歌产业生态的一部分。

谷歌激励员工实现创新的举措带给企业的启示包括以下六个方面。

(1) 企业会为内部创业创新项目提供资源支持,并且将流程嵌入内控管理系统中。企业为内部创业提供必要的资源支持,如资金、人力、技术等,帮助内部创业团队实现创意的落地和商业化。企业建立专门的内部创业基金,为内部创业团队提供资金支持,还调动企业内部的人力和技术资源,帮助内部创业团队解决问题和实现创新。

(2) 团队可以和企业创新管理部门沟通,因为创新和创业的风险性,建立一种有边界的失败豁免机制。在内控流程中,企业应该建立激励机制,鼓励员工积极参与内部创业。这可以通过给予内部创业团队一定的股权激励、奖励和晋升机会等方式来实现。这不仅可以激发员工的创新热情,还可以增强企业的凝聚力和竞争力。

(3) 对于创新和产业的特殊性,需要纳入管理系统中,涉及新的领域,比如产学研的跨部门协同,在内控管理系统中,拥有专门的协同部门来帮助团队解决问题,特别是面向顾客市场的实验和数据反馈,需要营销部门的配合。企业应该为内部创业团队提供必要的管理支持,帮助他们解决日常管理中的问题。企业可以派遣专门的管理人员为内部创业团队提供管理咨询和指导，帮助他们制订和实施有效的管理方案。没有配合，就没有创新项目的落地。

（4）内部指导机制需要进入创新和创业流程，在体系中，已经做成项目的创业者和失败项目的知识体系，向创新创业团队敞开，不犯重复性错误，在项目开展过程中，导师会督促创业团队，要花最多的时间和顾客待在一起，尽可能地交流，建立"没有反馈，就没有好产品"的创业行动理念。

（5）为企业的创新创业流程做出自己的贡献，继续营造创业文化，将企业的整体价值观贯彻下去，比如，只雇用能够自我管理的人；绝不甘于创立一个平庸的团队组织；在守成和创新之间，笃定创新；敢于直面创业中的挫折等、使企业变成一个创新场域。企业可以通过组织内部创业比赛、举办创业论坛等活动，为员工提供展示创新成果的机会，同时促进企业内部的交流和合作，提升企业的创新能力。

（6）建立员工创新小组机制，传承当年全面质量管理小组的模式，现代的管理理念和手段，为员工搭建一个提出建议的平台，既能广纳良策，又让员工有价值感。

第三部分
数字社会中的内控管理探索

撰写内控管理系统的未来演变，是本书表达的主要内容，人类的组织形态未来都可能以人与人工智能协作为基础，企业组织结构也必将如此，作为一个"理性人"，人工智能极少表现出明显的决策偏见，拥有更好的理性判断能力，并且能够完成横向知识的整合，但是企业中的员工发挥人类情感、创造力、道德与伦理等特质，这些特质是目前人工智能无法模拟达到的领域，因此需重新设计流程，让人工智能做擅长的事情，在数字智能化领域为企业赋能；且让人发挥所长，在人与人工智能的相互合作和协调中，建立起适应数字时代的智能内控系统。

第七章　从数字化转型看内控管理转型

很多企业还没有实现管理系统的数字化，智能化时代就来了。现在和未来，都是数字化叠加智能化的时代，企业管理系统如何转型？低成本、更大市场和高效率是内控管理系统数字化及智能化转型的目标，围绕目标制订计划，综合数字化技术，如云计算、物联网、大数据、ChatGPT 等，实现内控管理信息化和数据化，并且积累运营数据。再和通用人工智能平台合作，训练出企业专属的人工智能系统，进行智能化管理和决策支持；在智能化基础上，整合各类业务系统，实现跨部门、跨系统协同工作；让企业级人工智能赋能员工，提高员工数字化和智能化技术应用能力；同时在人工智能和人共同进步的基础上，不断优化管理流程和提高效率。

数字价值观引领内控管理文化

面对数字化社会的到来，一些先锋的数字化企业会建立自己独特的数字化价值观，面对现实和未来，确立自己应该做什么事，不应该做什么事。从各企业的官方网站，很容易发现这些数字化企业价值观的不同。

而不同的数字价值观也会在企业中形成不同的内控管理文化，比如，微软就有自己管理特色的组织协同能力，这家企业的内控管理系统缜密而富有包容性，因此高度关注治理结构和风险管理，建立了完善的内控制度和内控管理流程。

微软的数字价值观

微软继承了美式管理的一般模式，会主动采用科技手段强化内部管控，通过自动化工具和数据分析提高内部审计效率和精确度。因此，管理流程的科技智能性能够做到业界领先，在数字智能化领域，战略和功能结构清晰。强调全员责任意识，将内部控制纳入员工绩效考核体系中，推动员工支持并积极参与内控工作。微软不断优化内部控制机制和流程，同时拓展和更新针对新风险和威胁的内部控制措施，保持灵活性和敏捷性。

微软这样的世界顶级公司，依然能够保持创新性，这跟科学内控管理有极大的关系，内控流程能够容纳创新，才是最有价值的事情。基于顾客数据体验的数字智能系统帮助企业认识到自己在该领域的机会。

微软亚太区首席技术官韦青在谈及微软的数字价值观时说："我们作为数字智能化时代的传播者，要将高大上的人工智能技术变成人人能用的智能产品，我们设计产品的目标就是尽力去抹平数字鸿沟。"

微软在数字化社会中的选择，体现了五条价值观层面的认知：

（1）倡导人工智能和数字技术的道德使用，推动数字化进程与社会伦理价值相一致。

（2）推崇开放、合作、可持续发展等核心价值，用技术服务社会，促进共同发展。

（3）重视隐私保护、安全意识和数据治理，提供安全、可靠的技术产品和服务。

（4）积极探索并应对数字鸿沟问题，助力数字化进程全面、平衡地惠及各类人群。

（5）强调创新和结果导向，在科技研发和应用中追求实际效益和良好顾客体验。

内控管理洞见——数字时代由外而内的创新思维

我们在数字价值观和微软几十年的企业经营路径比较中发现数字价值观规定了企业的发展大方向,保证企业在大航道里不偏航,因此,数字价值观确定了企业在数字智能化领域的作为,也决定了内控管理遵循的一般原则,这是内控管理的准绳。

按照文化决定论的基本理念,每一个企业只能赚到自己价值观和道德观允许赚的钱,因此,对于数字化企业来说,要明白数字化的世界其实是一个指数式发展的领域,创新就像浪潮一样,一浪接着一浪。对于一些传统企业来说,似乎价值观这些事情不重要,企业经营管理的对象是相对稳定的,但对于数字化企业来说,诱惑太多,机会和陷阱太密集。因此,只能依靠数字价值观护航,通过稳住阵脚,运营信息系统和智能系统,快速获得对于真实处境和趋势的判断。

而在数字价值观的指引之下,企业内控管理系统能够容纳创新,比如微软一直在推崇创新文化,其内控管理系统也充分考虑了创新因素。

中国和全球一些数字化企业的内控管理都建立在自己的数字价值观基之上,形成企业独特的数字文化,这些数字文化帮助企业建立了一个有特色的团队,在顾客层面,帮助顾客从不同视角去看待企业,利于企业形成自己的品牌。

因此,大量中小企业需要建立自己的数字价值观,明确自己的专业领域和数字价值观的贴合,这些贴合的过程事实上就形成了自己独特的内控流程,既能够保证企业的流程稳定性,也能够保证企业的创新性,变内控管理为内生管理,促成新的价值在内部产生,不局限于以优化流程为目的,而是让价值观在顾客群体中产生更大价值为目的。

总结一下,数字化企业的数字化价值观包含几个特点,这些企业往往具有一种"开放式创新"文化,在自己的专业领域基础上,会叠加所有的创新可能性。

开放式创新会体现在内控管理系统中，允许员工和外部合作伙伴共同参与公司的创新过程。这种开放式创新可以促进知识共享和协作，进一步推动公司的创新。这些数字企业往往会设立专门研究院和产融部门，对于主营业务内外产业进行投资，但遵守自己的数字价值观产生的投资纪律。开放式创新并非是一种观念，而是一种内控管理的系列流程，投融资流程往往是整个流程中结构最为复杂和精细的系统。企业充分认识到，企业内部孵化器和加速器性质的创新，是一种保持企业内生价值的重要组织机构，一些守成性的企业往往缺少这样的内控管理流程。

这些数字化企业虽然已经做到了很大的规模，有些企业甚至拥有数亿顾客，但是"大象还是能够继续跳舞"，数字化价值观建立在求真的基础上，因此，这些企业的内控管理系统，往往具有灵活性，这种灵活性的体现，就是大量的顾客数据的证明，谁能够快速地将顾客数据结构化，快速呈现出客观事实，谁就是流程的改变者，新流程就替代了旧流程，比如，在微软6000万条代码中，几十年来，对于产品的迭代每天都在发生。这样做的意义就是即使企业很大，内控管理系统也可以随着公司的发展和变化而不断调整和优化。每一天都在优化，这意味着企业的内控流程具有足够的灵活性。

我们还是回到内控管理的基本功能再思考，数字化企业的风险管理能力往往比传统企业强一些，这是数字化企业自带媒体性决定的，因此，这些数字化企业在流程管理方面，会更加注重实时性和互动性，对企业遇到的风险进行及时处理，但同时允许员工在创新方面冒一定的风险。这种风险管理方式可以鼓励员工创新，同时确保公司的安全和稳定。

企业数字化转型

随着企业转型与创新的主轴从经营模式创新转变为数字化转型，"数字化"成为热门的词语，数字化转型成为各类企业面临的一场经营革命。正确认识企业数字化转型，是顺应这一转型的基础。

1. 企业数字化转型是一个过程

（1）从信息输入和信息输出两个角度观察理解企业处理信息。从信息输入的角度看，当我们能对数据进行收集，并处理这些信息时，就称之为信息化阶段；当我们能对处理后的数据进行计算，并等到结果时，就称之为数据化阶段；当我们对所输入的数据，不仅能计算，还能理解计算的结果，并做出决策时，就称之为智能化阶段。从信息输出的角度看，当通过系统编程将数据处理结果输出，称之为制造自动化阶段；当通过系统自动编程将数据处理结果输出，称之为制造智能化阶段。由此看来，每个企业都处在从信息化向数据化递进，再从数据化向数字化递进过程中的某一阶段。

（2）从信息化到智能化的过程就是数字化转型。数字化起点，就是从建立信息化体系开始，数字化终点就是实现智能化。所以，每个企业的数字化转型都是处在从信息化向数据化递进，再从数据化向数字化递进过程中的某一节点。由于每个企业的数字化转型的起点不一样，切忌做一刀切的横向比较，也不要做简单的模仿和拷贝。

2. 企业数字化转型是一场变革

数字化转型是企业在应对竞争的过程中，充分利用数字技术，以创新为手段来改变商业模式、管理体系、运营方式、组织方法，以提高效率，降低成本和风险，提升顾客体验的一系列变革。

（1）从关注点理解其变革。信息化作为企业经营管理的一种手段，随着计算机技术的发展，逐步成为一个企业管理成熟的标志。实现企业的信息化，从目标来看，其关注的是企业本身，主要手段就是把企业管理和运营中的数据、流程进行标准化，自动化；从目的来看，主要是通过一系列的信息化手段降低企业运营成本，提高企业管理效率。

随着互联网的发展，数字化使无阻碍信息的流通和分享成为可能，从而使顾客成为商业价值链上关键的一环。其主要目标是以顾客为中心，提升产品/服务的品质；其主要手段是基于企业拥有的数据，提供多渠道、个性化的服务，并对顾客的请求及时地反馈，对反馈加以分析，从而推进企业内部流程的变革，形成以顾客感受为中心的闭环。

（2）从立足点理解其变革。信息化的立足点是企业内部的价值链，通过信息化的改造降本增效，顾客只是整个价值链中的一环，是一个从内向外的过程；而数字化相反，整个过程需要站在顾客视角去审视企业的产品和服务能力，从而驱动企业内部流程的变化，是从外向内看的过程。

（3）从给企业带来的影响看。数字化转型对于企业经营、组织管理、市场营销、产品研发等方面都产生了深刻影响。①数字化转型重新定义了商业模式，通过数字化技术的引入和运用，企业可以快速响应市场需求，缩短产品迭代周期，实现产品个性化定制，提高顾客满意度；②数字化转型实现了信息化和智能化管理，使得企业可以更好地分析数据，优化生产流程和管理流程，提高运营效率，降低成本；③数字化转型使企业可以更好地利用互联网和云计算等技术，实现创新，开辟新领域，打造全新的商业环境；④数字化转型为企业创造了新的商业模式，如共享经济、平台化经济、移动支付等，这些模式能够更好地满足用户需求，提升企业核心竞争力。

（4）从经营模式变化看。数字化转型促使企业经营模式发生了根本转变。在经营理念上，从以企业利润为中心转变为以顾客利益为中心。在经营组织上，从传统的垂直架构转变为扁平化，组织职能中心化转变为矩阵化，运营管理流程更为精细化。在市场营销上，理念转变为以顾客为中心，提升产品/服务的品质；要素转变为顾客的满意度、体验感成为营销的最重要要素；手段更多采用智能化、场景化、网络化等。

3. 企业数字化转型成功的标志是智能化

（1）企业在数字化过程中，应坚持"以终为始"原则，以实现智能化为目标；要以企业客观的信息化基础为起点，稳步而坚定地进行数字化转型。

（2）企业在数字化过程中，将产生两部分成本，一部分是系统升级、设备更新等投入带来的资金成本，企业不仅要做好充分投入资金的准备，还要做好长期投入的准备。另一部分是观念改变、经营转型、架构与流程改变带来的管理成本，如果将资金成本视为数字化转型的硬件的话，那管理成本就是软件。在现实的企业数字化转型中，遇到的最大阻力和问题不是资金成本带来的投入不足因素，而是管理成本带来的传统阻力因素。所以，企业在进行数字化转型之前，必须充分做好软件的准备，始终高度重视和及时解决管理软件产生的各种因素。

数字化价值观建立起企业的战略愿景，在内控管理领域则需要建立全局性赋能研究和流程，形成产、学、研多元融合的生态，以更加开放的心态，接受知识沉淀和涌现效应，变内控管理为内生管理。

在数字化时代，即使成为世界级企业，拥有世界级的产业生态，也需要小心应对，因为数字技术和智能领域是日新月异的，大公司在技术代际跃迁时很脆弱，而这些大公司，往往在几年内就会碰到技术跃迁，一旦失去势头，悲剧就会发生。

重新打造内控管理的数字引擎

内控管理系统基于数据和分析，而不是主观判断。这种基于数据的决策可以帮助企业更好地了解市场需求和顾客反馈，从而实现创新。如果一家传统企业想要转型为数字化企业，这是流程变革的第一步。

在决心变革之前，企业需要理解，进行数字化转型是第一个阶段，在数字化基础上形成智能化组织的构建是第二个阶段。笔者认为，企业的数字引擎在本质上就是更加智能化的引擎系统。数字化是可以通过一系列软硬件投资来实现的，形成了一套完整的管理系统，这就是"数字化审批""无纸化办公"等过去经常听到的词汇。

智能化是企业的新战略引擎，因为在这样通过深度学习训练数据的过程中，建立自己在数字智能化领域的强大工具，传统社会经济中，人们可能认为精密机器和漂亮的办公室是最有生产力的工具，而现在，真正的强大工具就是适用于企业的人工智能。这是将企业所有内外资源放在一起，通过数据凝练得到的新工具，工具是生产力水平的标志。一个企业如果不在数字智能化领域建立自己的独特工具，则意味着企业会瞬间失去自己的竞争能力。

数字化追求的内核其实就是企业智能引擎

百度创始人李彦宏曾说过："互联网只是前菜，人工智能才是真正的主菜。"回顾几年来很多新的数字化企业的崛起和发展，其内核都是基于企业智能引擎。

三十多年前，有人说："未来所有的企业都是互联网企业，所有的企业都是电子商务企业。"《大数据》的作者涂子沛也说："未来只有一种企业，那就是数字化企业。"而今天，我们看到，凡是在市场中有能力"站着把钱赚了"的企业，都已经完成了数字化转型。

数字化转型的直接目的就是增强企业的管理能力，在工具层面，属于一种"跟上时代，不被时代抛下"的基本思维。绝大多数企业在数字化转型的过程中，确实提升了管理效能，就像"数字化条件下的精益生产"已经成为数字化企业管理的一般标准。

企业在数字化过程中获得了大量的数据，这些数据应该是全局性的，拥有产业生态全局数据的企业，就可以打造自己的数字智能引擎。其实，纵观全球，有人说大公司缺少创新，这是不对的，大公司往往具备更加厉害的单点创新能力，问题就在于这些单点创新如何集成一个系统性创新，这是大企业的战略问题。

企业智能引擎会根据全局数据进行价值排序，其真正的价值在于一种"穿透所有产业细节"的穿透能力，基于全局的顾客数据和财务数据来评估决策，提供快速参照系，在几分钟内，就提供了数据支撑的证据链，将问题转化到"内部资源的协同与聚焦"上，从各个角度提供内部资源和外部市场的战略统一思考。

让我们回到李彦宏的话语，来重新理解人工智能对于企业内控管理系统变迁的影响，互联网是将计算机网络连接起来的技术基础设施，它使得信息传递和交流变得更加便捷和高效，但它本身并没有创造出太多新的应用和价值，只是为其他应用提供了一个通道，因此可以理解为"前菜"。这是一个公共工具。

打造一个对于企业创造巨大的价值的私有但共享的智能工具，才是企业数字化转型征途中间的重要驿站，人工智能作为一种前沿技术，可以赋能互联网，并为其带来更多新的应用和价值。通过人工智能技术的应用，可以让互联网更好地服务于人类生活和产业发展，因此人工智能被认为是"真正的主角"。

企业的新智能引擎，也就是上述所理解的智能化，就是企业内控管理的系统工具，这是对于传统内控管理的一次革命，也是企业界"百年未有之大变革"，企业要在智能化的基础上，"打造一个助力企业创造巨大价值的智能工具"。这就是建立在智能经济之上的分享经济，比如，"共享单车"这个创新，是移动互联网在终端的应用，顶端的智能化系统才是最有价值的。共享经济适用生态化的智能服务，不仅能覆盖整个通向B端的产业链，也能赋能企业的顾客，让顾客在使用产品和服务的过程中，获得更大的个人价值。用智能工具"管理顾客"，不再是一件遥不可及的事情。

每一个企业都在讨论顾客黏性。企业在构建管理系统的时候，需要将顾客的价值体验囊括进来，比如，企业级人工智能允许顾客在自己的服务器里训练出一个自己的人工智能，而智能一旦成型，就会形成离不开的互动关系。

之前，管理者不会相信自己会建立这样一个奇怪的管理系统，将内控管理系统的边界全部打开，让每个人在上面构筑一个"智能的巢"，并且认为这种方式已经接近了智能时代的共享本质，在智能无处不在的新世界里，企业级的智能体成为新的生活引擎和工作引擎。

随着人工智能技术的快速发展和应用，新一轮的"互联网+"时代即将到来。在这个时代中，人工智能将成为互联网的核心驱动力，推动各行各业的数字化转型和智能化升级。

内控管理基础已经浮现出来

在本书中，笔者做一个构想，产业生态级的人工智能将成为企业内控管理的新基础，而人工智能已经具备了自发性的结构涌现（Emergence）和思维链条（Chain of Thought），在人类每一天都在使用的随身人工智能方面，都具备了这样的能力，一些人工智能系统已经学会"慢思考"的思维模式，能够进行推理，甚至帮助人们进行创新。

笔者认为："内控系统的基础已经浮现出来了。"企业级的人工智能正在倒逼企业中的人，需要实现创造力的指数式增长。也就是说，如果我们作为创业者，应该将创造新事物作为整个企业内控管理的核心价值观，跟随战略曾经在商业领域风靡了几十年，到现在，该放弃这样的思维模式了。

人工智能对于企业内控管理结构和流程的变革是剧烈的，不仅对于传统企业是一种冲击，对于拥有高素质员工团队的企业同样是一种冲击。企业需要一种能够设计智能系统的人和更好使用智能系统的人，这构成了内控管理的基本框架。这就形成了"智能架构者—工具使用者—产品媒介"架构，理论上，管理者在某种程度上就失去了用武之地，类似于区块链系统的智能组织事实上能够接管接下来的运营，管理者就只是智能架构者。

原因当然很简单，所有系统都基于人工智能的自我学习和自我迭代，所有的问题和风险都集中在这里，但人工智能有一个缺点，就是在缺少参照物的时候，不知道怎么办。因此，人就是人工智能系统的校正者和提供参照系的人，这就是人未来在新组织中的价值所在。

比如，即使在高盛集团这样的世界级投行里，其量化交易员也会因为人工智能的发展而失业，或者更换了岗位，很明显，留下的人多数是能够调教系统的"天才"，当然，这是一个极端案例，人工智能技术在分析师等领域的应用确实已经取得了很大的进展，在某些方面表现出更高的效率和准确性，这提醒我们需要不断地改进自己的知识和技能，以适应日益发展的技术环境。

管理者具备创造新思想和解决复杂问题的能力，也就是"不按常理出牌"的能力，但这些能力一旦体现出来，变成数据结构，变成参照系，就会变成人工智能的能力，因此，人工智能组织事实上需要的是人工智能技术持续创新者。

随着人工智能技术的发展，大量的企业级人工智能将会被开发和应用。员工在这个过程中扮演着重要的角色，包括提供培训数据、对模型进行校正和优化等方面。与此同时，由于管理者具有创造性思维和复杂决策能力，他们可以为企业提供更高层次的战略指导和规划。

因此，企业在构建一个坚实的内控管理系统的时候，需要考虑的是人其中的生命意义。在未来，没有提供生命意义的企业组织，特别是人工智能占据管理者地位的组织，理论上只会给员工带来更多的沮丧感觉。

在未来，企业内控管理系统构建在产业生态级的人工智能基础之上，一个典型的企业不仅要拥有自己的数据，还要拥有整个互联网相关产业的数据，因此，他们有能力服务于整个产业生态圈，产业生态级的人工智能可以具备聚集线上线下产业集群的能力。具体来说，人工智能技术可以通过数据分析、预测和决策等功能，为各个行业提供更加精准和高效的服务，从而推动产业集群的形成和发展。

例如，在物流行业中，企业运用人工智能技术可以通过算法优化路线、智能调度车辆和预测货物运输时间等功能，进而提升物流效率和降低成本，促进物流产业的发展和协同。在教育行业中，人工智能技术可以通过大数据分析和智能评测等功能，提供个性化的学习内容和教学方案，促进教育产业的创新和协作。

因此，在谈论数字化和智能化的时候，多数情况下是在谈一种更加出色的数字智能型企业对全价值链产生虹吸效应，能够在智能基础上实现价值链的重新构建，管理内部资源也管理外部资源，当然，在管理外部资源的时候，是通过一个完整的契约链条来实现的。

对于外部资源的管理方式，基于一种多中心化的协同效应，生态级的人工智能技术系统可以通过云计算和物联网等技术手段，将线上和线下的产业进行有效联结和整合，实现产业链条的协同和优化，从而形成更加完整和有机的产业生态系统。

围绕着内部事务流程的传统内控管理架构已经受到越来越多的挑战，而新的内控管理流程本身就是不确定的，企业的内部事务和一些制造业的管理系统模块，依然保持着工业时代的标准，但在顾客需求响应和外部新资源的协同方面，则需要接受更多的动态性思维，整个企业运营的节奏越来越快，企业员工可能很难跟上这种高强度和高运动型的工作形态，因此，在内控管理系统中，人只做机器不能做的事情，利用人工智能技术来解放员工的时间和精力，让人去做更多的创造性和生产性任务。

在新的内控管理系统中，必须考虑人工智能带来的组织伦理问题，在

内控管理洞见——数字时代由外而内的创新思维

人工智能时代确定"以人为本"的准则，显得相当重要。

内控管理演化为企业数字孪生操作系统

企业沟通视觉化是一种趋势，图像化和实景化在沟通过程中，能够减少信息传达的损耗，让每个人在不同的场景里看到一样的图像。企业沟通不能仅依靠语言，因为语言传递过程中，会发生信息损失。从语言学来讲，语言是一种符号编码，人们阅读文字的过程是一个解码的过程，信息的传递是一个互文的过程，要看不同人的理解，这就产生了局限性。

内控管理演化为企业数字孪生操作系统，这一提法主要针对的是制造业企业和拥有复杂流程的企业，在复杂操作的场景里，数字孪生系统和内控管理系统的整合比操作手册便捷、实用。

数字孪生系统和企业内控管理系统的整合价值

如果说我们在前文中一直都在谈论企业组织中人与人之间的关系，那么在这里，我们需要谈及人与机器、人与场景的问题。将一切实时需要的信息放在自己的眼前，能够达到"知行合一"的境界，这就是数字孪生世界的价值，而工程师和技师可以使用增强现实（AR）终端，将复杂工作和AR提供的视角场景合二为一，中间还有人工智能对于操作的提示，这是对于工程师能力的一种实时增强。而这就是智能物联网的组成部分。

而过往，我们在谈及企业管理的时候，核心就是要将人管住，今天，管理的重心已经发生了变化，赋能式管理成为制造业企业中的主要运作方式。中国大量的产业工人需要成为终身的学习者，而企业数字孪生操作系统将为他们的学习提供广阔的空间。AR产业的兴起，并将在所有的工业产业中得到应用。AR的应用有利于培养适应复杂劳动的产业技工。

基于企业智能系统的和产业元宇宙的构建，制造业的内控管理系统也将成为企业工业元宇宙的基本运作规则。基于产业元宇宙，行业上游、中游、下游，包括顾客反馈的所有信息都会回到工业云中，每一个产业工人的学习都能够得到现场的实时数据的支持。

在装配飞机发动机的时候，一个戴着 AR 眼镜的产业工人的眼前可以同时呈现出虚拟的飞机发动机的所有零部件。这些零部件的爆炸图，这些零部件之间的装配关系、结构关系，在产业工人面前一目了然。上一代技术工人需要积累半辈子的经验，现在全部实时地呈现在这些戴着 AR 眼镜的工人的眼前，所有的操作参数都能够显示出来，及时地给予自己工作的回馈。

这将是工业生产中的一个梦寐以求的场景，多少代产业工人想要实现的这种目标，在产业元宇宙中就实现了。大量从事简单劳动的产业工人，能够通过增强现实的学习进入更加复杂的工业产品制造业领域。

在元宇宙中技工们可以进入一个共同的场景，实现无障碍沟通，这是企业内控管理理想中的技术场景。因此，很多产业部门都将建立工业元宇宙作为为产业赋能的新工具。在谈及内控管理的书里，技术工具和内控管理系统的亲和力更重要，有利于形成融合一体的新管理结构。而做管理的人都知道，管理系统一旦通顺，就是企业做大做强的前序曲。

技术创新和管理创新正在实现系统性融合，这是数字化时代的趋势之一。随着数字化技术的不断发展和普及，企业的生产、管理、营销等方面都离不开数字化技术的支持，这也促使着企业在技术和管理方面进行系统性融合。

可以看到，随着强大流程工具在管理进程中获得应用，中国企业的内控管理水平将会整体提高，之前企业将管理停留在表格和结构图中，未来的管理事实上会内嵌到工具里。

很多企业的管理系统内部都要嵌入技术基因，这是内控管理适应产业生态的必然要求，技术创新和管理创新的融合可以提高企业的生产和管理效率，通过数字化技术的应用，实现生产过程的自动化和智能化，减少人力资源的浪费，提高生产效率。同时，在管理方面，数字化技术可以帮助企业实现信息化管理，提高管理效率。

一线技工不仅是产品生产者，也是数据生产者，产品可以让企业赚钱，而收集数据后形成的人工智能能够让企业更值钱。

数据融合是创新的温床，内控管理精细化是数据融合的永动机。技术创新和管理创新的融合可以促进企业的创新能力，通过数字化技术的应用，企业可以更快地获取市场信息和顾客需求，从而更好地满足市场需求。同时，数字化技术也可以帮助企业实现创新管理，提高企业的创新能力。

全要素分析和全要素数字管理

本节的内容不是对前文观点进行重复，而是提供一种内控管理数字生产者的思维方式。企业需要专门的知识管理系统，更要有全局的数字收集和深度学习的全要素数字系统，通过内控管理实现实体产品价值和数据智能价值，这是一个双线的价值系统，无论是过去还是现在企业都要重视起来。

企业员工既是产品生产者，也是数据生产者，这是一种双重身份。这是因为随着数字化技术的不断发展和应用，企业员工在生产产品的同时，也在不知不觉中产生了大量的数据，这些数据包括员工的工作记录、行为习惯、偏好等。因此，员工既是产品生产者，也是数据生产者。这种双重身份对企业来说是有益的，因为这些数据可以帮助企业更好地了解员工的工作状态和需求，从而为企业提供良好的服务和支持，同时帮助企业优化生产流程，提高生产效率。

全要素数字分析产生智慧型组织

新的内控管理流程设计的运营哲学在于："一个人流程的优化，就是所有人流程的优化。"

人工智能优化的管理系统可以对一个人的工作流程进行优化，从而提高效率和质量，而当这种优化应用到所有人的工作流程中时，整个企业的效率和质量也会得到提高。

具体来说，人工智能优化的管理系统可以通过对员工工作流程的分析和优化，减少重复性工作、降低错误率、提高工作效率和质量，从而提高企业的整体效益。而当这种优化应用到所有员工的工作流程中时，整个企业的运转效率和质量也会得到提高，这对企业的发展非常重要。

企业要为企业员工配备智能化的数据采集终端，通过各种手段收集员工的工作数据、经验教训等信息，形成一个数据集。这里就需要投资，比如，很多服务业的连锁品牌，已经通过店内的数据采集系统，完成全要素数据的采集。

采集来的数据需要经过数据清洗、去重、去噪等处理，以确保其准确性和完整性。将有效数据置入数据分析系统中进行分析，这里可以使用很多公共工具，通过人工智能深度学习算法对数据进行分析和挖掘，找出其中的规律和模式。

根据数据分析的结果，企业提取出有用的知识和经验，形成知识库。形成知识库之后，需要将其变成新的代码，应用到企业的所有应用场景中，让其他员工在使用知识的时候，能够通过人工智能辅助系统实时提取，而不是翻箱倒柜去找资料。通过这样的方式，可以将一个人的经验变成所有人的经验，一个人的教训变成所有人的教训。当然，在实际应用中，还需要考虑数据安全、隐私保护等问题。

从一般内控管理模式过渡到基于人工智能的智慧型组织,需要从全局出发,清洗全局数据,智慧型组织依赖于大量的数据和高效的算法。实施知识共享的方式和机制,才是对企业而言最重要的事情。

内控管理的思维方式需要改变,并非将企业管理得整齐划一,而是以优化资源组合为目的,实现价值最大化。这个组合是什么?价值最大化的方式是什么?这都是智能化条件下,内控管理要解决的问题。尽管这些都是老问题,但是在数字化和智能化组织形态已经成为趋势的当下,应该改变内控管理本身。

数字化组织要求企业能够实时进行全要素分析,智能化组织要求企业让每一个人能够处理好自己的流程任务,同时作为一个数据生产者,将创造性体现在这些数据产出中,从而实现一种全要素的数字管理能力。这个能力就是企业内控管理模式变革和进化的主要方向。

数字时代的应急风险管理

突发风险对于企业的内控管理系统流程提出了越来越多的挑战。原因在于顾客现在也把握了媒介,虽然企业管理和顾客的媒介运作能力不同,但顾客和企业品牌之间,存在一种不对称关系,顾客一篇负面的媒体文章,就可能给企业带来几百万元的经济损失,对品牌造成更大的伤害。

以前,企业家谈及内控管理,是在传统媒介思维条件下思考这件事情,但是,在自媒体时代,形成品牌危机的过程,往往只给企业几小时的反应时间,这是对于企业整体管理模式的一种挑战。作为一个面向顾客开放的企业,需要有便捷的处理通道,来迅速处理和顾客的纠纷,同时在服务顾客的过程中,需要注重企业整体运营的合规性。

这样的案例很多，比如，顾客在使用某品牌的菜刀拍蒜过程中，刀被拍断了，就产生了公关危机和品牌危机，处理不好就会对企业品牌产生很大伤害。一件小事损害一个品牌的形象的事情在数字化时代并非不可想象。

数字时代的运营失控性需要应急风险管理

在本书中，笔者一直在强调一个观点，企业的整个内控管理系统已经没有那么稳固，企业外部供应链和顾客市场对于企业的影响，使企业的经营处于一种动态平衡状态，一不小心就面临失控的危险。

笔者在为企业提供咨询过程中，发现很多上市企业依然在使用旧的公关模式，通过保持传统大媒介的友好关系进行公关，但这些传统的大媒体已经无力将信息送到顾客面前，这是一个结构性滞后的问题；另外，有的企业并没有设立应急风险管理机制，因此，无法和巨大数量的自媒体矩阵之间进行沟通，这是企业管理系统的漏洞。

数字时代的运营，即使建立了应急机制，也需要建立一种快捷处理的通道，数字时代的运营失控性是指在数字化、网络化、智能化的背景下，企业的经营管理面临着越来越多的风险和挑战，而这些风险和挑战往往是不可预测的，随时可能导致企业失去控制。

这种失控性的主要原因是企业与外部供应链和顾客市场之间的联系日益紧密，而这些联系的复杂性和不确定性使得企业的经营管理面临更多风险。当下，一个出口型的中小企业也会面临全球供应链动荡的风险，而这些风险之前并没有被企业纳入视野。

中小企业为了优化自己的产品，也希望和全世界最好的零部件供应商合作，而这些协作风险很可能会被政治框架限制，形成风险，因此，替代方案和应急方案都是必不可少的机制设计。

数字时代的运营失控性主要是由于企业与外部供应链、顾客市场等各种利益相关者之间的复杂关系导致的经营复杂性。企业需要与越来越多的利益相关者进行交互和合作，而这些利益相关者之间的关系越来越复杂。这种复杂关系导致企业的经营复杂性和风险增加，企业需要采取相应的应急风险管理措施来应对这些挑战。

例如建立应急预案、加强风险评估和监测、增强员工的应急意识和能力等。此外，企业还需要加强内部管理，优化流程和机制，提高反应速度和应变能力，以确保在面对各种风险和挑战时能够保持稳定和持续发展。将问题消灭在萌芽状态，需要内控系统保持足够的灵活性，一有问题，在几分钟内就进入决策层，进行应急处理，如此迅速的反应，对于传统大企业确实是一种挑战。

其实，在企业圈中，能够处于不可替代地位的企业数量不多，顾客购买力和顾客体验占据了市场权力的核心位置，企业所有的资源配置，本质上都是适应这两个硬指标。内控管理变革的主要方向就是面向顾客做适应性调整，很多人都说，现在的企业运营越来越显露出一种后现代特征。

顾客互动模式是企业内控管理的核心环节，很多传统的内控管理设计不存在这一点。事实上，任何直接有效的认知都来自企业和顾客的互动，企业之所以产生危机，多数情况下都是因为背离了和顾客共创的基本原则。

而品牌往往是面向顾客的主要认知封装系统，从某种程度上来说，品牌资产比生产系统更加具备直接营利性，因此，在内控管理领域，需要将品牌资产和品牌星系管理作为重点来抓。

面向顾客的品牌管理机制，就是内控管理的一部分，品牌资产受到损害要和企业内一条生产线被捣毁一样令人心痛，这样的管理系统才能够起到快速响应需求和快速解决问题的作用力。

数字时代，人人都是媒体人，顾客开始拥有话语权，这对于企业品牌资产和形象资产保护来说，是一种复杂状态，将一些重要顾客纳入企业品牌共同体中，这是一种工作方式，但如何和这些重要顾客打交道，却是新的问题。

现代经营越来越注重顾客的感觉和体验，这是一种飘忽的不稳定结构，企业的运营在这样的新基础上，所谓应急风险管理，多数情况下都是一种和顾客的纠缠，理解个性化和多样化，品牌运营中越来越注重消费者的个性化需求和多样性选择，通过不同的营销手段和产品设计来满足不同消费群体的需求。响应不及时，问题就会出现。

企业不能保证每一个顾客都始终站在自己的阵营，因此要努力建立紧密关系，更多实现产品和服务的体验性和情感化，通过营造愉悦的购物环境、提供个性化的服务等方式来增强消费者的购买体验和忠诚度。

互联网时代的消费者往往拥有更多的反传统和反规则的倾向，品牌运营中也越来越注重打破传统的营销模式和规则，企业的管理系统，需要建立一套数字化的品牌管理体系，包括品牌定位、品牌形象、品牌传播等方面的管理，通过数字化技术来实现品牌管理的精细化和智能化。

让顾客成为有效数据生产者是健全应急管理机制的主要方式，这种数据的集聚能够让企业保持足够的市场敏感性。面对顾客的反馈，企业需要建立健全的危机管理机制，包括危机预警、应急预案、危机处置等，以应对突发事件和负面舆情。企业需要加强内部控制，建立健全的内控管理制度和流程，加强对员工的培训和管理，防止员工的不当行为给企业带来损失。一个未经过系统培训的客服可能就是颗炸弹，因此，企业要想打造友好界面，就只有让真正具有危机意识的人待在这个岗位上。

第八章　数字化的内控管理实践模式探索

数字化的内控管理实战系统，首先需要强调数据安全，数字化企业更多地依赖数据，因此需要加强数据的安全性和隐私保护，制定完善的数据安全和隐私政策，确保数据不会被泄露或滥用。其次优化流程，企业要优化审批流程，采用自动化审批流程，提高效率和准确性，减少人工操作和错误，节省时间和成本。利用人工智能技术进行风险监测；加强内部审计；推广数字化文化；构建人工智能组织，这些都是面向数字化未来进行的内控管理探索的实务。

内外不分，将顾客纳入顾客社区

数字智能化时代，需要创造一种不赚钱的系统来支撑赚钱的系统，这是新商业模式设计的一个方式。在数字化时代，盈利系统只通过一步往往实现不了，因此，在很多新型的数字化企业中，不盈利的系统比盈利的系统规模要大，这些事实背后的逻辑是怎样的呢？

这种新型的商业模式设计是基于数字化技术的应用和数据分析的能力来实现的。企业可以通过建立一个庞大的顾客群体，收集和分析顾客的数据，然后利用这些数据来开发新的产品或服务，提高企业的盈利能力。这种商业模式设计需要企业在长期的不盈利阶段不断投入资源和精力，建立起庞大的顾客群体和数据分析能力，从而实现企业的长期盈利。

小米手机的生态链管理对于内控管理系统的启示

数字智能化时代的商业模式设计需要企业在盈利和不盈利系统之间建立一个平衡，利用数字化技术和数据分析能力来实现企业的长期盈利能力。比如，小米公司的崛起，其实就是不用手机系统直接赚钱，而是将利润以接近于零的方式，培养了巨大的顾客群，在这样的基础上获得新的生态掌控能力，其内控管理系统已经变成了典型的外控管理能力。

小米公司是一家以智能硬件和互联网服务为主的科技企业，其生态运营模式是一个非常典型的数字化商业模式。该模式通过将硬件、互联网服务和内容生态系统相结合，实现了盈利系统和不盈利系统之间的平衡，同时带来了巨大的商业价值。

（1）小米公司通过自主研发和生产智能硬件产品，包括手机、电视、智能家居等，建立了自己的硬件生态系统。这些产品不仅具备高性价比，还通过与其他设备的互联互通，形成了一个完整的智能家居生态系统。这些硬件产品的盈利模式主要是通过销售硬件设备和提供售后服务来实现。

（2）小米公司通过互联网服务，包括云服务、内容服务、金融服务等，建立了自己的互联网生态系统。这些服务不仅为顾客提供更好的使用体验，还为企业带来更多的收入来源。例如，小米公司的云服务可以为顾客提供云存储、云备份等服务，同时为企业提供收入来源。

（3）小米公司通过建立内容生态系统，包括游戏、音乐、视频等，为顾客提供更多的娱乐选择。这些内容的提供不仅为顾客带来更好的使用体验，还为企业带来更多的收入来源。例如，小米公司的游戏中心可以为顾客提供各种类型的游戏，同时通过游戏的销售和广告收入为企业带来收入来源。

因此，小米公司的生态运营模式通过将硬件、互联网服务和内容生态系统相结合，实现了盈利系统和不盈利系统之间的平衡，并且通过数字化技术和数据分析能力来实现企业的长期盈利能力。这种商业模式的成功，为其他企业在数字化时代的商业模式设计提供了重要参考和借鉴。

随着数字化时代的到来，企业的内控管理系统已经逐渐转变为外控管理系统。上文案例中，小米公司的内控管理系统的边界已经变得更加广泛，需要关注更多的外部生态和关系构建。

在小米公司的生态运营模式中，其内控管理系统已经不再局限于企业内部的管理和控制，而是需要关注整个生态系统的运营和发展。小米公司通过与不同领域的合作伙伴合作，构建了一个庞大的生态系统，包括硬件、互联网服务和内容生态系统等多个方面。在这个生态系统中，小米公司需要关注不同领域的合作伙伴之间的关系，以及整个生态系统的运营和发展情况。

在这个过程中，小米公司需要重新设计内控管理系统，以适应外控管理的需要。首先，小米公司需要建立一个完善的合作伙伴管理体系，包括合作伙伴的选择、管理和监督等方面。其次，小米公司需要加强对整个生态系统的监控和管理，包括硬件、互联网服务和内容生态系统等多个方面。通过数字化技术和数据分析能力，小米公司可以实时监控整个生态系统的运营情况，并及时调整管理策略和措施。同时，小米公司还需要加强对顾客的管理和服务。在巨大的顾客群基础上，小米公司需要建立一个完善的顾客管理和服务体系，包括顾客数据的收集、分析和利用等方面。通过数字化技术和数据分析能力，小米公司可以更好地了解顾客需求，提供更加个性化的产品和服务，从而提高顾客满意度和忠诚度。

随着数字化时代的到来，企业的内控管理系统已经逐渐转变为外控管理系统。在这个过程中，企业需要更多地关注外部生态和关系构建，重新设计内控管理系统，以适应外控管理的需要。小米公司的生态运营模式是一个非常成功的案例，可以为其他企业提供借鉴和参考。

内控管理数字化转型的步骤

对于企业来说，数字化转型是一个普遍性要求，建立数据驱动的智能化组织，是共同的目标。企业应该建立一个数据驱动的智能化组织，通过数据分析和智能化决策来提高整体效率。但不同的企业，数字化转型的阶段不同。

我们可以从一个传统的产品经营型的企业开始，思考企业如何实现数字智能化转型，通过对一般进程的总结，来发现数字化转型的步骤，本节内容是流程性的，是一般企业进行数字化转型的整体框架内容。

一个传统型产品型企业进行内控管理数字化转型的步骤

以一些木材加工型企业、家具定制型企业和机械企业为例，在系统总结的基础上，在细节上找到一个可以步步落实的流程，保证企业在实践的时候，能够有一个简单可行的路线图。

1. 数据收集和整合

企业需要建立一个全面的数据收集和整合系统，对企业内部和外部的数据进行收集和整合，包括销售数据、顾客数据、供应链数据等。要建立一个全面的数据收集和集成系统，企业可以遵循以下步骤：

（1）识别数据源：第一步是识别所有的数据源，包括内部的和外部的数据源。这包括销售数据、顾客数据、供应链数据、社交媒体数据和其他相关数据源。

（2）确定数据需求：一旦确定了数据源，企业就需要确定他们需要收集和分析的数据。这将取决于业务目标和企业的具体需求。

（3）选择数据收集的方法：数据收集的方法多种多样，包括调查、问卷调查、访谈和在线数据收集的方法。企业需要根据其数据需要选择合适的方法。

（4）实施数据收集：在选择合适的方法后，企业需要实施数据收集过程。这包括培训员工、建立数据收集系统和确保数据质量。

（5）集成数据：收集的数据需要集成到单个系统中。这包括清理和格式化数据，并确保其准确和完整。

（6）分析数据：最后一步是分析数据，以获得洞察力，并做出数据驱动的决策。这可能涉及使用数据可视化工具、统计分析软件和机器学习算法。通过这些步骤，企业可以建立一个全面的数据收集和集成系统，收集和分析相关数据，并做出数据驱动的决策，提高整体效率和竞争力。

2. 数据分析和挖掘

企业需要利用数据分析和挖掘技术，对收集的数据进行深入分析，发现其中的规律和趋势，为企业的决策提供支持。其具体步骤为：

（1）定义业务目标：定义数据分析将支持的业务目标。这将有助于将分析工作集中在最重要的领域，并确保分析与整体业务战略相一致。

（2）确定相关的数据源：定义了业务目标后，下一步就是确定将用于分析的相关数据源。这包括内部数据源，如销售数据、顾客数据及外部数据源，如市场数据或社交媒体数据。

（3）收集和准备数据：收集相关数据并做好分析准备。这涉及清理和转换数据，以确保数据的准确和一致。

（4）应用数据分析技术：收集和准备好数据，下一步是应用数据分析技术来识别数据中的模式和趋势。这涉及使用统计分析、机器学习算法或其他数据挖掘技术。

（5）解释结果：在分析完成后，需要在业务目标的背景下解释结果。这包括识别关键的见解，提出建议，或开发预测模型来支持决策。

（6）实现变更：最后，分析中的见解和建议需要在业务中实现。这涉及基于分析结果对业务流程、产品或服务进行更改。成功的数据分析和挖掘的关键是要清楚地了解业务目标，并使用正确的数据分析技术来支持这些目标。通过遵循这些步骤，企业可以使用数据来推动更好的决策，并提高整体业务性能。

3.建立智能化决策系统

企业收集好数据后，就需要习惯在数据基础上进行再观察、再验证，发现和自己之前想法不一样的地方。这就意味着企业的决策系统已经有了基于数据的新认知系统，但如果要实现智能化转变，企业还需要进行进一步融合数据，以实现智能化洞察。

企业需要建立一个智能化决策系统，将数据分析和挖掘的结果应用到企业的决策中，帮助企业做出更加准确和有效的决策。要建立一个将数据分析和挖掘的结果应用于决策的智能决策系统，企业可以遵循以下步骤：

（1）清晰业务：对业务目标有清晰的理解。这种理解是逐步深入的过程，是人和智能系统相互磨合、相互验证的过程，管理决策者知道自己要什么，智能化系统才能够得出清晰、聚焦和具有强相互关系的决策参考。

（2）决策考核：定义将用于衡量实现这些目标的进展的关键绩效指标（KPI）。决策就是考虑真金白银的事情了，因此，决策基于企业现实的资源条件进行，但在此过程中，可以和智能决策系统沟通，以获得更多的数据支持。实现决策执行一体化。

（3）考核验证：制定与业务目标和KPI相一致的数据分析策略。验证是智能决策的灵魂，决策想法被提出来后，需要和数据以及人工智能进行比对，对于不合逻辑的内容进行深度思考，考虑具体业务能力的匹配度等。

（4）数据再验证：确定将用于支持分析策略的数据源。这是一个反向验证的过程，注重数据的变化性，企业数据系统更新之后，智能系统会做出趋势分析。

（5）智能决策迭代：开发一个数据治理框架，以确保数据是准确的、完整的和安全的。整个数字化智能决策系统也需要在不断的学习和迭代中，贴近现实经营场景。

（6）更新决策工具：实现能够支持分析策略并及时提供见解的数据分析工具和技术。

（7）数据融合：开发一个将数据分析结果集成到决策过程中的过程。

（8）员工培训：培训员工如何使用数据分析工具和技术，并将数据驱动的决策纳入他们的日常工作。企业决策是层次性的，并非高层管理者一人决定，大决策嵌套小决策，企业需要培训员工用数据思维做决策，将决策修正关系嵌套到日常小决策中。

（9）持续完善：持续监控和完善数据分析策略和决策流程，以确保它们与业务目标和目标相一致。

4. 整体协同和优化

企业需要通过数字化技术，实现企业内部和外部的协同和优化，包括供应链管理优化、生产流程优化、顾客服务优化等方面。想要实现智能化管理，就需要整个产业链的数据，因此，合作伙伴之间进行部分数据融合是必然的过程。业务联通的本质基于数据联通，这是智能组织发展的基础。

（1）产业链数据集成：建立一个全面的数据收集和集成系统，企业应该建立一个收集、集成和管理各种数据源的系统，包括内部和外部数据源。该系统应能够处理大量的数据，并保证数据的质量，上下游业务需要共享业务数据，以保证数据准确性和全局性。

（2）基于产业链数据的数据分析和挖掘技术：企业应使用数据分析和挖掘技术，从产业链收集的数据中提取见解。该技术可以帮助企业识别数据中的模式、趋势和可用于做出知情决策的情报，明确在整个产业链中，价值点分布在什么环节。

（3）基于产业链数据的协同和优化：实际上，企业在这样的情况下，必然会内生出产业链协同平台的内在要求，企业之间的竞争，也就变成了产业数据集成平台的竞争。企业应建立一个应用数据分析和挖掘结果的智能决策体系。该系统应该能够提供基于数据见解的实时见解和建议，为所有工作在数据平台上的企业和个人赋能。

（4）确保数据安全：数字企业优先考虑网络安全和数据隐私，以保护其运营和顾客免受潜在威胁。总的来说，数字企业敏捷、创新、以顾客为中心，它们利用数字技术不断改进运营，并在竞争中保持领先地位。一个完整的产业数据就呈现在企业的数字平台之上，这是进行外部资源整合的基础，但数据安全也是平台企业的核心责任。

（5）产业链监测和评价绩效：这是基于对产业链的监测，为协作者赋能。一些没有进行数字化转型的企业，可以通过数据长臂管辖进入产业链体系，链主即数字智能化平台需要提供完整的数字智能化方案，帮助链上的企业增加收入、降低成本和提高顾客满意度。

5.建立数字化文化

企业需要建立一个数字化文化，增强员工的数字化素养和意识，推动数字化转型的深入实施。事实上，从企业开始数字化转型，甚至开始之前，数字化的文化就应该渗透进来，数字化企业文化可以通过学习和培训获得，也可以通过一边实践一边培训获得。

（1）定义数字愿景和战略：第一步是定义企业的数字愿景和战略。这应该由高级管理团队来完成，并应清楚地告知所有员工。

（2）制定数字路线图：定义完数字愿景和战略，企业就需要制定一个数字路线图，概述实现数字愿景所需的步骤和里程碑。

（3）进行系统培训，改变企业的语言系统：语言是人的操作系统，企业需要在其员工中增强数字素养和意识。这可以通过培训项目、研讨会和其他帮助员工发展必要的数字技能的举措来实现。

（4）学会使用数字化智能化工具：企业需要投资于能够支持数字转型

的数字技术和工具。这包括投资于云计算、大数据分析、人工智能和其他数字工具,并且让员工亲手使用工具,养成依靠数据和人工智能进行工作的习惯。

笔者认为任何一个企业的数字化转型路径都可以被效仿,但内核要根据企业自身的特征,包括企业的文化价值、经营管理模式、管理成熟度、业务流程等不同而量身定制,绝不能简单地应用"拿来主义"。

以上是一个典型的传统企业数字化的转型过程,企业一开始致力于自身的数字化、互联网化,但企业管理者立即会发现,企业数字化转型之后,内在就产生了链接一切信息的需求,因此,企业不仅需要收集自己企业管理系统内产生的信息,也会收集整个价值链上的信息。加工和挖掘信息的过程中,能够洞察之前没有看到的商业机会,也有服务于其他合作伙伴的能力,因此,在数字化领域,先发优势显得更加重要。

很多企业在进行数字化管理转型过程中,本来只想着在内控管理领域去发力,但很快就发现内控管理的内涵变了。企业的数字化不但带来内部改进,而且为企业创造了与整个价值链联系的机会。通过收集和分析不同来源的信息,企业可以获得新见解,并利用它们来创造新的商业机会。此外,作为数字领域的先行者,可以提供竞争优势,并帮助企业在其行业中建立自己的领先地位。重要的是,企业不仅要关注自己的数字化,还要关注如何利用数字技术与价值链中的合作伙伴及利益相关者建立联系。这可以促进协作、提高效率、增加新的收入流。

内控管理进入数字化转型之后,就像有一股力量在后面推着企业沿着这条路继续走下去,这是很多管理者的感觉,这种感觉,其实就隐含了数字化管理领域的内在要求。

构建数字企业内控管理流程

在前文中已经谈到了企业在数字化进程中，其内控管理会自动扩展到对于整个价值链的关注，这是由数字化企业的内在逻辑决定的。

事实上，管理一个企业已是不易，再管理企业外部一群合作伙伴，甚至一个完整的价值链，是企业内控管理领域更大的挑战。无法适应这种数字逻辑的企业，就会退回到一个附属企业的地位，接受价值链上数字链主的调遣，这其实是由企业在数字生态中的生态位决定的。因此，对于一个有追求的企业管理者而言，他们不想沦为其他企业的数字附庸的地位，就需要建立自己完整的数字化企业内控管理流程。

主动构建比被动构建要好，使用别人的数字化系统，一开始虽然避免了很多麻烦，但随着企业的发展，其战略设计的权力其实已经丧失。

对于一个有志做成事业的企业而言，需要一个完善的管理内部控制流程，帮助公司保持其高标准的质量和完整性。

数字时代企业的内控管理不仅包括企业内部的合规问题，也包括整个价值链的合规问题。企业不仅要关注内部的危机和风险，也要考虑整个价值链的安全，通过分析一些国际大企业的产业布局时就能够理解现在这些企业的管理逻辑。

一家管理整个价值链的链主企业内控管理的关键特点

现在多数创业者在创立企业的时候，都自觉遵循数字化企业和链主型内控管理的一般规律，使供应链上的企业在自己的平台上开展工作，这样做，首先是方便了自己，增强了整个供应链管理能力；其次，这些工作在

内控管理洞见——数字时代由外而内的创新思维

数字平台上的企业，其实就是附属的配套企业，这是一种用关键数字资源"套牢"协作企业的资本运作行为，能够低成本使用别人的资源，这就是数字时代的新逻辑。

因此，这些企业在内控管理中，往往更加强调纪律。尤其需要防止出现职业腐败的问题，这会侵蚀企业的利益，作为"最优选择"的价值链设计，一旦进入"次优逻辑"，就是生态死亡的开始，因此，在道德和伦理层面，这些大企业内控管理领域均有严格的规定。我们要理解他们为什么这么做，然后从中找到可以借鉴的地方。

以下是笔者总结的知名企业内控管理建立的关键基点，内含了对企业内部各个层面的管理者和员工的职业要求。

（1）高层的强烈价值观和伦理观：典型的大型数字企业的高级管理团队通过强调道德行为和遵守法律法规的重要性，在高层树立了强有力的价值观。

（2）全价值链风险评估和企业经营风险评估：链主型的数字化企业定期进行风险评估，以识别对公司运营、财务报告和遵守法律法规的潜在风险。同时，很多领军数字化企业都会推出产业报告，对于产业风险和机会，则定期和全价值链进行沟通。

（3）在企业内部，建立完整的员工工作规范流程政策：完善的数字企业会制定流程规范，以指导员工的日常工作，并确保经营行为遵守法律和法规。

（4）开展合规培训与沟通：大型数字化企业会定期为员工提供有关公司政策和程序及相关法律法规的培训。一般还拥有开放的沟通渠道，让员工报告任何违规行为。同时，整个价值链上关注的体系漏洞，也需要通过沟通显化问题，解决问题。

（5）数字化的监控和监督：大型数字企业已经建立了智能化的系统和监督程序，以确保政策和程序得到遵守，以及风险得到有效管理。

（6）内控管理规范是一个持续改进的进程：数字化企业致力于不断改进其内部控制流程，并定期审查和更新其政策和程序，以反映商业环境的变化。数字化迭代进入代码层，改良型的系统一次改变一点点，不会带来突变，同时能增强组织的适应性。

（7）内控管理实现职责隔离流程：比如，苹果公司已经建立了明确的责任线和职责隔离，以防利益冲突，并确保没有一个人对一个特定的过程有太多的控制权。比如，问题一条线，处罚一条线；上司无权开除员工，需要经过内控流程规范处理，防止数字企业中出现"人治型权威"。

（8）内控管理引入第三方独立审计团队：大型数字化企业会聘请独立审计员审查其财务报表和内部控制流程，以确保它们符合法律法规。这样的独立流程，可以防止企业内部联合违规的情况发生。

（9）企业内部和价值链管理举报人保护：大型数字企业制订了一个举报人保护计划，以鼓励员工报告任何违规行为，而不必担心遭到报复。同时，价值链上的违规违法行为，会牵连整个价值链的安全，因此，大型数字化企业的内控管理包含相应管理规范，供应商可以匿名举报企业内违规的员工。

全球典型数字化企业的内控管理内部控制流程，旨在确保公司的诚信运作和符合法律法规，同时保持对创新和增长的高度关注，也对整个价值链的健康负责。

现在很多数字化企业，包括传统企业在设计内部流程的时候，都在限制管理者"独断"权力，这样做在一定程度上能够限制组织官僚化。建立一种相对平等的组织文化，是数字组织的内部要求。

在数字化内控管理模式中，设计模式的重心围绕"决策质量"展开，苹果公司"隔离职责制度"，现在在国内的内控管理流程设计中已经得到了广泛认可。苹果公司确保没有一个员工对公司的任何一个流程或领域有太多控制权，这有助于防止出现欺诈和错误。数字化流程能记录和溯源每一个决策者做过的事情，也能溯源每一个员工做过的事情，这是由于社交媒体时代大企业的任务分派和沟通还使用电子邮件。工作过程中，需要对每一步操作进行溯源，产生数据，使数字化系统和智能系统发挥作用，而不是在事情发生后相互扯皮。

内控管理"隔离职责制度"配套的六个内控流程

一个管理者或者一个员工，不可以不经过系统流程就直接决定一件事情，尤其在重大决策领域，其内部流程合规性被提升到了至高的位置，这种内控管理文化承袭了公司内权力制衡的基本原则。

苹果公司有一个完善的管理内部控制流程，是在数字化智能化条件下对每一个员工的具体要求，在内控管理领域，这个设计一直被认为是实践范例。

（1）明确定义角色和责任：苹果公司为每位员工分配明确的角色和责任，确保每个员工都知道公司对他们的期望，以及他们的工作应如何适应更大的图景。

（2）建立明确的政策和程序：苹果公司有明确定义的政策和程序，并传达给所有员工。这确保了每个员工都认识到公司的政策和程序以及如何遵守它们。

（3）使用技术来自动化流程：苹果公司使用技术来自动化许多流程，减少了错误和欺诈的风险。

（4）进行定期审计：苹果公司对其流程进行定期审计，以识别潜在的问题，并确保其内部控制能够有效地工作。

（5）不断改进：苹果公司一直在寻找改进其内部控制流程的方法，使其更加高效。

（6）培养诚信文化：苹果公司拥有强大的诚信文化，强调诚实、透明和道德行为。这有助于确保员工以诚信的态度行事,并遵守公司的内部控制政策和程序。

其他公司在设计内控流程的时候,也可以参考这些原则,并形成一种企业的数字文化氛围,其实流程不是死板的规则,而是一种自然的习惯,是自然嵌入工作中的,这种数字文化是内控管理变革要呈现的状态。

一个内控管理系统运作良好的企业,会重点关注顾客体验,而不会关注内部领导者的具体行为和言论,苹果公司的成功在很大程度上是因为它专注于提供无缝的顾客体验。企业应该优先了解顾客的需求和偏好,并努力创造满足和超过这些期望的产品和服务。有效的内控管理,其本质方向还是向外的。

我们发现,越是内控管理做得好的企业,企业领导者往往起到越突出的表率作用。苹果公司的领导团队在推动公司的成功方面发挥了重要作用。公司应该优先考虑强有力的领导能力,并为员工树立榜样,表现出对创新、顾客体验和数字化转型的承诺。

数字化企业一定是鼓励创新的企业,企业数字化、智能化做得越好,越注重创新。苹果公司以其创新的产品和服务而闻名。企业应该鼓励创造力和实验,并为员工提供他们需要的资源和支持,以实现新的想法。华为公司是典型的内控管理制度完善的企业,二者在创新文化上保持了一致,这是值得思考的共同点。

这些典型的数字化企业都是典型的开放式合作,在内控文化里也在促进企业全价值链的通力合作。苹果公司的成功也归功于它能够跨团队和部门进行有效合作。企业应该鼓励跨职能的协作、开放的沟通和团队合作,以推动创新和成功。从全球一些典型的数字化企业来看,他们的组织结构是一个协作网络,内控管理的形态也是一个覆盖地球表面的协作网络。

归根结底，典型的数字化企业都是积极拥抱新工具的企业。企业会优先考虑建立数字智能化系统，这包括投资于技术、数据分析和数字营销，以帮助推动增长和提高运营效率。向管理要效益曾经是企业的一句老话，向数字化、智能化管理要效益，就是今天要做的事情。

将内控战略变成可用的数字战略工具

将一切融合成为一个战略工具，这是面向未来的管理系统变革趋势。换言之，就是建立一个企业孪生世界和企业级的元宇宙。一个数字化企业会同时在用若干个数字化工具，如何使这些数字化工具形成一个完整的智能化企业操作系统，一直是管理者在思考的问题。

原来，内控管理就是管理者手中稳定组织的主要工具，使企业能够以一种有序的方式发展壮大，现在，企业管理者需要换一种思维，将一种工具变成另一种更好的工具，围绕数字时代的运营规律来重新组织企业内外的资源。

在企业组织的发展历史上，掌握系统管理工具的企业，往往都是成为企业爆发的起点。管理的目的就是以更好的方式来利用市场中的有限资源，因此，坚持构建外向型性格的管理模式，在如今这个时代，成为管理变革的主要方向。

外向型这个词，代表着数字化时代的全球化思维，也代表着企业的底层思维方式和企业人格体的性格。改变企业的性格，改变企业的知识地图，用数字化工具来承载这样的转变，就是管理创新要做的事情。

内控管理流程的数字化变革，肯定会带来企业价值观层面的改变，很多企业在之前并没有认识到价值观有什么样的价值。数字化企业的内在性格就是做全球化企业，这样的内在含义多数都被企业忽略。数字化的积累是智能化，智能化组织需要最大限度地提炼数据，因此，这样的组织形态就会呈现出一种数字扩张的文化，这是数字化组织的文化基础。传统内控管理的内向型和数字智能化组织的外向性一旦完成汇合，企业就会走向数字世界的扩张之路。

数字化企业组织就是在传统企业基础上发展出来的一种新的组织形式，数字化组织具有比传统企业更好的顾客响应能力，也扩大了企业的运营视野，因此，其总体效能会比传统管理模式更有效率。因此，企业在进行数字化战略转型过程中，需要以构建一种战略工具的方式，来将这种战略框架具体化。

事实上，观察企业数字化的历史就会发现数字化企业进攻主要方向就是基于媒介变革的顾客群体扩张。因此，数字化转型的所有核心逻辑都是首先黏住顾客，从顾客的视角回到供给侧，这个内在逻辑如果能够调转过来，我们就知道企业管理的方向。

和传统内控管理相比，其实数字智能化的管理系统更加聚焦，笔者在前文中，强调最多的内容也是如此。因此，企业有必要聚焦这一点。

数字化企业的竞争壁垒基于顾客数据的积累

虽然基于顾客群体的扩张已经是数字化企业运营的常识，但也是很多企业无法实现的。因此，改变管理系统、实现以顾客群体扩张为目的的数字化转型是一种正确的发展路径。

直接面对顾客的企业，顾客会对其形成路径依赖，在未来的市场竞争中会占据优势。和顾客保持一个"点击"的距离，是企业制胜的关键，顾客不能假手于人，这是商业常识，顾客是构建竞争壁垒的关键资源。

企业的一切管理流程最终都要流向顾客，在这个基础上重构一切管理工具，进而形成一个完整的工具。不过做到这一点，还需要建立更加安全的数据保护设施，随着顾客数据的积累，企业需要优先考虑数据隐私和安全，以保护顾客信息。这可能需要新的策略、程序和技术解决方案，以确保数据安全。收集数据，更懂数据，才能做出更多数据驱动的决策。随着能够访问大量的顾客数据，企业将有机会基于数据洞察力做出更明智的决策。这可能会导致向更多数据驱动的决策过程的转变。也会更加强调数据分析，为了有效地管理和利用顾客数据，企业需要投资于数据分析工具和专业知识。这可能需要招聘新员工或对现有员工进行培训。企业会转变为开放型企业，加强与外部合作伙伴的协作，如数据分析公司，以有效地管理和分析顾客数据，这需要建立新的合作伙伴关系和合同。

其实所有的数字化企业都在努力去管理顾客数据，但很多企业最终都能够实现在大数据基础上对精确小数据的管理，那是企业在商业领域得以生存的基本盘。这就是企业经常谈论的"喇叭形结构"，在消费者群体中提炼准顾客，再将其转化为真正的顾客。

内控管理围绕顾客的反馈进行迭代，机器学习算法和自然语言处理等工具可以帮助企业更快、更准确地从小数据中提取见解，从而企业可以获得更详细和准确的操作理解，并做出更明智的决策。

很多经营者在谈及管理的时候，都是用了抽象思维，他们需要将内控管理和数字智能化、员工管理等管理要素集成起来，并将之看成一把"屠龙刀"，将整个经营要素封装进去，使企业成为快速响应顾客需求的组织。

在此我们需要再次思考数字化和智能化的本质，企业不是为了数字化而数字化，这是一个数字化条件下的流程再造问题。企业内部需要变成一个数字化驱动的组织，用软件工程思维将一切资源要素连起来，连起来的最终目的还是为顾客服务。

但这里，我们需要处理好一个关系，那就是内控管理和企业战略目标之间的关系，很多企业的战略和管理是分离的，遇到这种情况，我们就在数字化过程中，一并解决这个问题。

内部控制管理和企业战略目标之间的关系对任何组织的成功都至关重要。当一个企业的战略和管理被分离时，它会导致组织的目标和内部控制实施之间的脱节。因此，数字智能化的过程事实上也是企业管理升级的过程。

管理对了，企业真正发挥出自己的组织能力，但管理不能替代战略，战略是企业家要干什么、不干什么的事情，不同的赛道产生的经济结果完全不同。战略的背后其实是选择，而管理对了，就是在战略赛道里提升效率，实现价值最大化。二者的关系不明确，我们无法理解战略和效能的关系。产业空间是战略带来的，不是管理带来的。

在数字化趋势面前，无论对于企业还是个人，商业赛道的选择都是战略基础，数字化带来的是基础之上的倍率提升。大基数乘以十，就是大数，小基数乘以十，还是小数。

数字化战略就是利用大数据，让企业在做好自己专业产业的同时，也需要面向市场全局进行新产业机会的研究和挖掘，并尽早地渗透进去，如果从内控管理的视角来看，数字化的本质是极大增强了企业的沟通效率，提高了管理效能，但从高层管理者的视角来看，却是企业开始在数据基础上，去寻找企业做成大事的机会，这是一种战略升级和战略管理合一的思维模式。

内控管理系统数字化应用

企业数字化转型的过程是大数据技术、AI 技术等智能技术应用的过程，通过这种转型，企业的内控管理系统成为数智管理、智慧管理系统。为此，笔者提出以下两点建议：

1. 在审批流程的系统中增加提醒功能

企业的审批流程的设计，从理论上讲，应以规章制度中的相关制度和规定为基础形成的，由于审批流程是站在路径的角度对某一项事件处理在该节点的描述，而规章制度是站在管理职能的角度对某一项事件处理的描述，阐述处理事件的原则，而且同一事件处理原则会在不同章节重复出现，也会在不同的规章制度中出现，实践中经常出现相互抵触和矛盾的现象，为此，笔者建议企业在现有或新设计的审批流程中，增加提醒功能，当审批文件流转到某一审批/审核人/部门处，审批系统不仅会进行提示，还增加醒目符号，审批人必须点击进入认真查阅后，才能点击"同意"或"不同意"。点击这个醒目符号后，审批画面会出现作为审批/审核的人/部门，从自己的管理职责出发，在处理此事件时，应遵循哪些规章制度，应该重点关注哪些问题。这样审批流程是有效的，也是可以追查的。随着数字化的转型，企业可以轻而易举地实现这样的功能，新增提醒符号背后的逻辑则反映了数字化内控管理的创新思维。

2. 重视数据流程图在内控管理系统的作用

数据流程图是一种用图形表示法展示信息系统中数据流动的技术，它展示了信息处理过程和数据在信息系统中流动的路径，以及数据的存储和处理方式。数据流程图通常包含一个中心处理器和多个接口，在其中输入、处理、输出和存储数据。

数据流程图可以用来分析、设计和描述信息系统中的业务流程，以及帮助开发人员理解系统的结构和功能。在数据流程图中，最重要的元素是数据流、处理器、数据存储和外部实体。

在内控管理中，数据流程图是一种非常有效的工具，可以帮助企业管理者了解公司信息系统的业务流程，识别业务流程中的风险和瓶颈，并通过制定合理的内部控制措施，保证企业业务流程的正常运转。

具体来说，数据流程图在内控管理中主要有以下作用：

（1）识别内部控制需求。数据流程图可以帮助管理者清晰地识别内部控制需求，从而为内部控制的建设提供方向和指导。

（2）揭示潜在风险。数据流程图可以帮助管理者理解业务流程的每个阶段，并分析业务过程中可能存在的风险和问题，从而及时采取措施进行控制和管理。

（3）设计有效的控制措施。数据流程图可以指导管理者制定有效的内部控制措施，避免或减少公司因员工疏忽、欺诈或其他不当行为所造成的损失。

（4）优化业务流程。通过分析数据流程图，管理者可以更好地理解业务流程，并在此基础上优化业务流程，提高效率，降低成本。

（5）监督和检查。数据流程图可以作为内部控制的监督和检查工具，帮助管理者及时发现问题并加以解决。

（6）综上所述，数据流程图在内控管理中具有非常重要的作用，能够帮助企业管理者理解业务流程，识别风险，并制定有效的内部控制措施。

企业之内不存在最高决策者

在高速动荡的商业时代，商业机会在很短的时间内产生，并快速进入增长周期，在这样的环境下，研究企业的管理系统，实际上就是研究企业把握新机会的能力。管理者不必忌讳，在机会出现的时候，用数字智能化方式可以发起不对称进攻，实现以小博大，虽然可能被称为机会主义者，但这就是这个时代管理变革的主要特点。

企业之内不存在最高决策者，企业在经营上，一切要听顾客的，在战略上，则需要把握市场机会和发展的窗口期。企业内的管理者，要学会顾客对齐，机会对齐，这是管理变革的战略之锚，不管是过去、现在还是未来，战略之锚不会改变。

这就是笔者对于内控管理变革内核的一个定义:"企业之内不存在最高决策者。"

管理的外部决定性:顾客对齐和机会对齐

内控管理的目标已经移到了企业外部,这是企业家和创业者必须认清的新现实,企业家在管理企业的时候,一方面要服务好现在的顾客,另一方面要去挖掘战略机会,这样的案例有很多。比如,马斯克就是这样的企业家。

我们从管理视角看到商业环境的变迁,企业经营已经变成了一个不稳定的四角模型:企业的内控管理流程、顾客和媒介的战略影响、产业技术的快速迁移、供应链需要的外包和外部资源控制,这四方面共同构成了一个菱形,四个力量都在拉扯企业的运营。因此,企业的经营不再有固定的形态,更像一个不断变阵的四边形。

数字化、智能化趋势叠加在这个四角模型之上,这就是企业今天面临的新问题。但很多企业老问题都没有解决。比如一些规模较大的家族企业的决策机制问题,家族企业的领导者如何处理好企业和数字化系统之间的关系,如果数字化内控系统对领导者没有约束力,只对其他员工有约束,数字化就只完成了一半。为何是一半呢?领导者要放下架子,建立新的管理文化其实是一种领导者的自我心智革命。

企业要思考清楚以顾客为中心的底层思维,进入数字化转型的流程没有什么障碍,但数字化、智能化最终都指向企业的管理决策水平,管理决策的能力最终还是体现在为企业未来寻找战略机会的能力上,过去的竞争是同行间的竞争,现在和未来的竞争则是沿着企业基础能力不断拓展、跨行业的竞争。

数字化、智能化企业面对的竞争是无边界竞争,相互替代的并不是同行,而可能是另外的新事物,因此,企业在数字化领域,需要保持十足的扩张性,这种扩张的过程其实就是"机会对齐"的过程。

数字时代的领导者需要"吃着碗里的,看着锅里的",领导者不是现有产品的精细化者,领导者的主要责任单元是"机会和更大的机会",机会在外部,需要到外部去追寻,和自己企业有限的资源组合出一个巨大的产业机会。

数字化、智能化的本质就是为领导者决策赋能,做正确的决策,然后内控管理使整个系统能够正确地做事。在数字智能时代如何寻找个人的成就感?这是新的企业家需要思考的问题。

行业地位或者产业地位这样的词汇很快就会变成过去式,数字化竞争模式意味着企业能够被数字化的部分其实是难以守住的。就像书籍,未来可能会变成一种小众产品,或者少量发行的纪念品,而不是人们普遍获取知识的工具。因此,从内控管理的文化来说,化守为攻是对数字化企业的必然要求。这也是内控管理向内生管理转变的一种表达。

无边界竞争是指数字智能企业不仅面临来自直接同行或竞争对手的竞争,还面临来自可能扰乱其行业的新兴技术和公司的竞争。这是因为数字时代使企业更容易进入新市场并在全球扩张,导致竞争加剧。

替代者不是同行,而是新事物的想法,理应成为企业领导者的基础思维方式。数字智能企业需要不断创新和适应,以保持竞争力。换句话说,即使一家公司目前主导其市场,没有直接的竞争对手,也不能自满,或认为自己会无限期地保持自己的地位。相反,它必须不断改进和发展,避免被更新、更具创新的技术或公司所取代。

创业只是占据了产业生态上的一个或者几个节点,机会变多了,外部限制因素也变多了,这是很多新创业者不断喊累的原因,内控管理的边界事实上已经模糊了。因此,企业需要构建一种平等的多中心化的组织形态。

内控管理洞见——数字时代由外而内的创新思维

内控管理也需要按照这个架构重新设计。

基于外部适应性的数字智能化内控管理变革

随着通用人工智能的突然爆发，人机互动模式领域已经发生了一场革命，这场革命正在改变组织，裁员和增加新职业两种行为同时发生，内控管理变革正在发生，以顾客为中心的管理变革强调的是企业服务和产品要符合顾客需求和期望，以此实现可持续发展和竞争优势。对于企业中的管理者来说，与顾客的目标和需求保持一致，并及时了解市场趋势和机会也很重要。这包括进行市场调查，收集顾客反馈，并保持了解行业发展。这不只是强调这个认知的基础性，也在强调企业的主人在外部的新事实。

顾客如何与企业互动是事业架构设计的关键，也是内控管理变革的锚点。从组织对外部的适应性来看，没有最高决策者的企业应该推行一种平等的企业文化，鼓励员工彼此之间分享信息和知识，这样可以激发团队创新能力，更好地满足顾客需求。

但"没有最高决策者"并不是没有管理者，而是要企业成为一个真正的数据驱动的组织。高质量数据可以为管理者提供必要的信息来做出决策，企业需要建立数据收集和分析机制，并通过数据来不断完善产品和服务品质。办理一些日常事务，只需数据驱动的自动化流程和人工流程就够了。

领导者的新角色是什么呢？要成为推动变革的关键角色，引领企业成为创新的领跑者，实现可持续发展和优异的业绩。下决心投资更好的数字化技术，毕竟，数字技术系统是需要资金投入的。领导者的主要工作就是沟通，争取和企业内外的更多人沟通，在任何组织中，"认知者"的角色是不可替代的，这是企业实现外部适应性的关键角色。

如果说，数字智能系统能够建立一种集体智慧型组织，数字智能化能够标准化地一般决策，员工可以获得见解并做出明智决策。通过利用这些技术，企业可以提高运营效率，增强顾客体验，并在市场上获得竞争优势。

但高水平的决策还需要另一个高度上的碰撞，这依赖于"对于新机会的洞察力"，数字智能涉及使用数据驱动的洞察力来优化业务流程和改进决策。领导者和所有员工事实上都是新机会的洞察者和认知者，提议者可能是企业中的任何一个人，而不再局限于领导者一个人的洞察。

内控管理系统曾经都围绕内部流程优化、目标管理、内控审计和风险管理等，现在这一切都已经内嵌到了软件层，包括企业的目标和愿景，员工可以看到企业的领导者在做的事情，也能够看到所有员工在做的事情，相互之间在协同领域是开放的。但这一切都是基础工作。

"提议者"或者"提案者"的角色，在数字智能化企业内会变得越来越重要，引领者事实上是不确定的，这也是笔者定义不存在最高决策者的原因。想法是不值钱的，想法需要导入流程，经过数字智能化系统再检验，成为生成高价值的创造物，这需要一种经过事后验证的领导力。

在新的数字智能时代，企业对员工原创力的要求达到了前所未有的高度，重复型工作和数理逻辑性脑力劳动会受到挤压，现实要求企业要向认知边界和技术边界做更多探索，从而实现可持续创新。

在此，我们需要重新定义内控管理的目的：比看得见的对手和看不见的对手更快完成创新。因为，持续的创新能力才是企业实现良性循环的基础。

附录一：名词诠释

1. 战略管理（Strategic Management）

战略管理是指一个组织或企业全面规划和整合资源以应对内部和外部环境的工作过程，其目的是实现长期发展目标并提高组织绩效。战略管理包括制定战略、实施战略和监控战略效果三个阶段，而每个阶段又包括若干环节：

（1）制定战略阶段：确定组织的愿景和使命，分析内部环境和外部环境，识别核心竞争力，确定战略目标和计划。

（2）实施战略阶段：将制定好的战略转化为具体的行动计划，分配资源，建立绩效评估机制，组织战略计划实施，促进各个部门和员工的协调与合作。

（3）监控战略效果阶段：通过制定指标和评估机制对战略进行过程和效果的监控和评估，做到及时调整战略和行动计划，保持组织的竞争力和适应能力。

在大部分企业战略管理的实践中，我们通常用3∶5∶2比例关系来分析战略管理成功与否的因素，即一个战略管理的成功，30%取决于战略本身的正确，50%取决于战略实施过程有效，20%取决战略实施时的环境匹配。而在战略实施阶段，内生管理和内控管理是至关重要的手段。

2. 内生管理（Endogenous Management）

内生管理是指企业从内部因素着手，通过管理手段来控制和优化企业的业务系统和管理体系。这种管理方法主要从结合外部环境变化，从企业发展和管理的内部因素入手，通过优化内部业务流程、提高管理效率和效果，来实现企业创造价值，保持健康和持续发展的目标。

内生管理主要包括以下六个方面：

（1）盈利模式和运营模式的转型与创新。

（2）管理流程与系统优化。

（3）人员组织与激励优化。

（4）技术应用与信息管理升级。

（5）资源管理与节约完善。

（6）创新与发展实践。

3. 内控管理（Internal Control Management）

内控管理是指企业为了实现经营目标，通过内部管理机制建立起来的一种管理体系和方法。它包括制度、流程、岗位职责、内部监督、信息通报等多个方面。内控管理的目的是保证企业的资产安全、稳定经营及合规经营，同时提高企业的效益和竞争力。

企业的内控管理是一个系统体系，一般可以分为战略层面、风险管理层面、控制活动层面、信息披露和沟通层面以及监督和评价层面五个层面。企业可以根据自己的实际情况和需要，选择和组合各个层面的要素，建立完整的内控管理体系。

4. 内生管理和内控管理的异同

内生管理和内控管理在管理方法和战略层面上有些异同之处，以下是它们的区别和相似之处：

（1）作用不同：内生管理是指通过优化企业内部的各种因素，来达到提高企业经营效率、管理质量和核心竞争力目标的一种管理方法。它强调优化企业自身的资源、人员和管理流程，实现可持续发展；内控管理是指通过建立一套完整的内控体系，对企业内部各类风险进行预防、检测和控制，提高企业治理和运营管理的质量和效率。

（2）目标不同：内生管理的目标是提高企业内部的效率和效果，通过优化内部的资源和管理流程，推动企业的健康和持续发展。内控管理的目标是确保企业的运作安全和合规性，通过内部控制机制的建立，保障企业的运营安全和管理风险的可控性。

（3）内容不同：内生管理主要包括盈利模式和运营模式的转型与创新、管理流程与系统优化、人员组织与激励、技术应用与信息管理、资源管理与节约、创新与发展等方面。它强调内部因素的优化和改进，实现企业内部管理体系的完善和升级。内控管理主要涉及企业的风险评估和管理、内部控制制度和流程的建立和完善、内部审核和监测等方面。它强调内部控制机制的完善和实施，有利于保障企业的运营安全和管理风险的可控性。

（4）内生管理和内控管理相互作用：内生管理和内控管理都是企业经营管理的重要组成部分，都是针对企业内部运作和管理体系的优化和改进。内生管理和内控管理都有利于提高企业的生产效率和经营效果，都具有推动企业发展和提高核心竞争力的作用。

目前，企业不仅面临着外部环境带来的严峻态势挑战，还面临着转型创新带来的巨大变革冲击。面对这样的双重压力，内生管理逐渐成为大部分企业经营管理的主轴，同时内控管理已进入了一个新阶段，建立、健全和创新实践内控管理系统也已成为这一主轴的核心内容。内生管理促进内控管理的发展，内控管理要保证内生管理的有效性。

5.内控管理体系与系统

内控管理体系是一个企业或组织在所有业务活动中应用的管理方法和过程，用于确保有效和可靠的内部控制。它是一种集成的管理体系，旨在监督和管理企业或组织的所有重要活动，以确保业务目标的实现、风险管理和遵守法律法规。

内控管理体系通常包括五大部分：控制、环境风险评估、控制活动、信息与沟通、监督。

建立内控管理体系的目的是确保企业或组织的所有活动都是符合法律

法规规定的，并且能够达成所设定的商业和财务目标。当企业或组织实施了有效的内部控制体系时，便可以有效地减少损失和错误，确保财务报表的准确性和一致性，确保运营管理的风险降到最低，并能保持企业可持续发展。因此，内控管理体系是企业或组织重要的管理体系之一。

内控管理系统是指一套完整的监督、评估、调整和改进企业或组织内部管理的制度和措施。它以建立有效的内部控制为目标，通过规范企业或组织内部的业务流程和管理活动，以遵守法律法规和企业的管理要求，从而实现企业或组织的经营目标。

内控管理系统主要包括：公司治理与内部控制建设、风险管理、内部审计、信息系统控制、法律合规和道德规范。

内控管理系统的建立和实施是企业或组织健康发展的重要保障。通过提高内部管理的规范化、透明化、合规化和科学化，可以有效地减少财务风险、提高管理效率和决策效果，增强企业或组织的核心竞争力和市场影响力，成为企业或组织持续发展的基石。

6. 内生价值管理

内生价值管理指的是企业在经营管理过程中，根据自身的内在条件和潜力，通过培育和发挥自身的核心竞争力，实现企业价值和利润的最大化。

内生价值管理的理念是企业自我发展和成长过程中需要遵循的一种管理方法。内生价值管理注重企业内在资源的开发，以提升企业核心竞争力为核心，以市场为导向，增强企业的成长性和创业能力，通过有效地管理和利用企业内在资产，实现企业的价值和利润最大化。

内生价值管理的核心是发掘企业内在资源的潜力，通过不断地提高自身的水平和能力，发挥自身的潜力，加强与顾客的沟通和合作，不断创新，实现自我发展和成长。

内生价值管理的实现需要企业全面加强对于自身的管理和控制，加强内部协作和沟通，提高员工的凝聚力和团队协作能力，建立健全的管理机制和流程，在实践中逐步提升企业的核心竞争力和市场竞争力。

7. 内控价值管理

内控价值管理是一种管理方法，旨在通过制定和实施有效的内部控制措施，以保护企业的资产和利益，提高企业的经营效率和管理水平，增强企业的内部控制能力，从而实现企业价值最大化。

内控价值管理体系包括内部控制制度、流程、规范等方面，通过内部控制的有效实施，可以控制企业内部的风险，增强企业的可持续发展能力，提高企业的市场竞争力。

内控制度是内控价值管理的核心，它主要包括授权和责任制度、日常经营管理制度、财务管理制度、人力资源管理制度、信息技术管理制度等方面，这些制度的制定和执行可以有效地控制企业内部的风险和问题，同时提高内部管理的效率和质量，为企业的可持续发展奠定基础。

在实践过程中，企业应该制定符合自身实际情况的内部控制制度，并将其纳入企业的经营管理中，同时加强内部控制的监督和评估工作，不断完善和调整内部控制制度，提高企业内部控制的质量和效率，实现企业的内部价值最大化。

8. 企业创新

企业创新是指企业在不断地追求新的商业机会和创新的过程中，利用创造性的方法提升自身竞争力，以满足市场需求并不断创造价值。企业创新包括产品或服务的创新、运营模式的创新、组织管理的创新等多个方面。在不断变化的市场环境中，企业创新是保持企业竞争力和生命力的重要手段。

对于企业来说，创新是一个需要持续投入并不断调整的过程，成功的企业创新需要具备创新意识、资源投入、市场洞察、创新团队、创新氛围等因素。

企业创新对于企业的生存和发展至关重要，企业需要从多个方面加强创新投入，提高创新能力，才能够在未来的市场竞争中保持竞争优势。

9. 数据流程及流程图

（1）数据流程：数据流程是指将数据从数据源传输到目标的整个过程。数据来源包括数据库、文件、API接口、传感器等，而目标可以是数据仓库、报表、可视化应用程序等。在数据流程中，数据会经历多个步骤，包括数据清理、转换和分析等，以确保数据的准确性和有效性。数据流程可以被视为由多个组件组成的管道，这些组件按照一定的顺序执行，以处理数据并生成结果。一般来说，数据流程是由多个不同的技术和工具组成的，如ETL工具、数据处理库、可视化应用程序等，这些组件是数据流程的基本组成部分。

数据从数据源（如数据库、API接口等）流入数据处理模块组成的处理管道中。在这个组件中，数据被清理、转换和分析，并将结果存储在数据存储模块中（如文件、数据库、NoSQL等）。最后，数据可视化模块将这些数据呈现为报表、图表、仪表板等格式，使人们可以根据这些结果进行决策。整个过程中，数据从源头到目的地经历了一系列变化和处理，以实现最终的目标。

（2）数据流程图：数据流程图是一种描述信息流动的图形工具，它用标准符号表示不同的流程步骤、数据存储和数据流。数据流程图通常用于分析、设计、管理和控制信息系统，以及与之相关的业务流程。

10. 业务/管理流程图

业务流程图是一种描述业务流程的图形工具，它用符号表示业务活动、决策、文档和数据流。业务流程图通常用于分析、设计和改进业务流程，以及识别和消除潜在的问题和瓶颈。

管理流程图是描述一系列用于管理业务流程的步骤，包括计划、组织、控制和协调等。这些步骤可以用标准符号表示，并配合文本说明来帮助顾客更好地理解流程和功能。

11. 数据流程图与业务/管理流程图作用

（1）数据流程图可以帮助团队理解和记录数据在系统中的流向，识别和消除潜在的问题和瓶颈，并确定流程的最佳处理方式。该图形工具可以在不同层次进行描述，并配合文本说明来帮助顾客更好地理解系统的流程和功能。

（2）业务流程图可以帮助团队和顾客更好地理解业务流程和数据流向，从而更好地管理和控制业务流程。该图形工具可以在不同层次进行描述，并结合文本说明来帮助顾客更好地理解业务流程和功能。

（3）管理流程图通常用于描述企业、组织、政府部门和其他机构的管理流程。它可以帮助团队和顾客更好地理解业务流程和数据流向，从而更好地管理和控制业务流程。该图形工具可以在不同层次进行描述，并结合文本说明来帮助顾客更好地理解业务流程和功能。

（4）数据流程图、管理流程图和业务流程图的相互作用。

数据流程图、管理流程图和业务流程图都是流程图的一种，但它们侧重点不同，可以从不同的角度描述一个系统或流程的不同方面。在企业内生管理、内控管理以及战略管理过程中，这三个流程图是相互联系和相互作用的。在某些情况下，这些图形工具可以结合使用，以便更好地理解、描述和改善业务流程和信息系统。

在设计和改善信息系统时，数据流程图和业务流程图可以配合使用。数据流程图可以用于描述数据在系统中的流动和处理过程，强调数据在系统中的流向和存储。业务流程图可用于描述业务流程的步骤，包括业务活动、决策、文档和数据流。数据流程图和业务流程图结合使用可以理解业务流程和信息流向，从而更好地设计和改善信息系统。

在设计和改善管理流程时，管理流程图和业务流程图可以配合使用。管理流程图可以用于描述管理流程的步骤，包括计划、组织、控制、协调等。业务流程图可被用于描述业务流程的步骤，包括业务活动、决策、文档和数据流。管理流程图和业务流程图结合使用可以理解管理流程和业务流程之间的关系，并更好地改善管理流程。

数据流程图和管理流程图可以相互作用，以便更好地理解、描述和改善管理流程和信息系统。相互作用可以体现在识别管理流程的瓶颈，改善数据处理步骤，提升管理效率，管理流程优化等方面。

数据流程图和业务流程图可以相互作用，以便更好地理解、描述和改善业务流程和信息系统。相互作用可以体现在描述数据的流向、识别业务流程的瓶颈、优化数据处理流程、改善信息系统。

因此，数据流程图、管理流程图和业务流程图具有各自的功能又相互作用，特别是在数字化时代，企业加强数据流程图的应用，对实现智能信息系统，智慧管理和数字化转型有重要意义。

内控管理体系的目的是确保企业或组织的所有活动都符合法律法规规定，并且能够达成所设定的商业和财务目标。当企业或组织实施了有效的内部控制体系时，便可以有效地减少损失和错误，确保财务报表的准确性和一致性，并增强企业或组织的声誉。因此，内控管理体系是企业或组织重要的管理体系之一。

附录二：关于本书的问与答

问：与市场上关于内控管理方面的书籍相比，您这本书有什么特点呢？

答：目前关于内控管理的书籍出版了许多，但大多是对《企业内部控制基本规范》的解读，并以此为基础编写的企业内控管理制度、表格和流程的范本。而本书突破了范本式模式，从内控管理的运用实践提升到理论高度，再从理论高度回到实践创新，是从"点对点"转为"点对面"和"纵横矩阵"的逻辑思维方式，并具体有以下六个特点：

（1）本书取名为《内控管理洞见》。所谓"洞见"，指能够深入了解事物的本质、内涵和意义，能够看到事物的核心和关键，能够超越表面现象，直达事物本质。我多年来一直努力使自己成为一个有洞见能力的人，并且能够从多个角度去看待事物，当面对问题和挑战时更加从容和自信，能够看到问题的本质和根源，从而提出更加精准和有效解决问题的思路和方法。《内控管理洞见》高度概括了我多年来对内控管理理论研究、咨询实践经验。

（2）从内生管理研究的视角，重新定义了企业内控管理，重新审视了内控管理的价值；用内生管理的思维，置换一些过时的内控管理理念与模式，提出了内控管理的矩阵模式，使其在纵向和横向之间流动起来。

《内控管理洞见》一书从一个全新的角度研究内控管理，将人们对内控管理的认识和实践提升了一个高度。

（3）将内控管理从专注企业内部管理风险控制和效率提升的闭环管理，延伸到适应与满足顾客需要的大系统中，从聚焦企业内部经营管理各要素转向关注外部环境变化带给企业内部经营管理各要素的变化，使内控管理系统从严格的一对一、点对点转变为留有一定空间、一定范围，这些思维方式的转变给内控管理的创新带来了空间，也给内控管理实践提出了更高的要求，从而推进我国企业内控管理进入一个全新的阶段。

（4）内控管理是企业经营管理的一项重要职能，从企业战略发展的角度看，内控管理系统的作用不仅是控制风险和提高效率，更重要的是实现企业战略发展目标的重要保障，与企业的内生管理紧密相连，更是企业创造顾客价值的保证，转型创新和重树核心竞争力的保证。

管理是一门科学，更是一门艺术，所以本书概括了内控管理"网络化、动态化、矩阵化和层次化"的四大特点，在本书中，我在内控管理的具体方法上并没有给出更多规范，而是留给企业家深入思考和充分创新的空间。

（5）我提出"以终为始"的管理理念，以满足顾客需要，实现企业战略发展最终目标，作为内控管理系统建立和实施的起点；我较早地提出内生管理概念并作深入探讨，还在此基础上进一步提出了内控管理价值的概念。随着企业经营理念从满足股东利益最大化转变为创造顾客价值，内控管理的价值也从原先强调以控制和降低企业经营风险，提高经营管理效率为第一要务，转变为满足外部环境变化，满足顾客需求为第一要务。在这个逻辑思维推演下，使得我们对内控管理的认识、运用和方法都有了全新的诠释。内控管理除了确保企业运营活动的合法性、规范性、安全性和高效性，还能起到有效降低企业内部的组织熵，提高企业的运营效率和竞争力的作用。

（6）企业内控管理作为管理一项职能，同样凸显其艺术性的特点。企业内控管理系统的建设要满足外部环境的需要，满足战略发展的需要，满足防范风险、提高效率的需要，这不仅需要一套科学完整的内控管理系统，还需要一套有效的实施策略。在本书中，我特别提到了企业管理成熟度与内控管理的关系，目前大部分国有企业、集团性民营企业都已经建立了内控管理系统，仅从内容上看已经涵盖了经营管理的方方面面，应该是比较齐全的，但是许多企业反映出来的问题是实施的效果不太理想，其实这和企业管理成熟度有很大关系。成熟度的高低与内控管理的繁简呈负相关，一味地追求"大而全"的内控管理系统，追求"最时尚"的内控管理方法，而忽略企业管理成熟度，往往会适得其反。

问：企业为什么越来越重视内控管理了？
答：我们可以从三个方面来分析这个问题。
1. 企业外部环境变化的需要，推动了企业越来越重视内控管理
（1）经历多次经济危机，世界各国的政府监管部门，管理学者和企业家们达成了一个共识，即我们不仅要高度重视经营数据和财务报表的公开、公正和准确，更要重视企业的公司治理和内控管理，因为它是保障财务数据准确的基础与关键。

（2）我们正处于一个开放社会和经济全球化的环境，企业间的联系与依赖更加紧密，产业链／供应链的上下游企业更关注彼此的经营管理质量和内控管理。另外，从波特竞争模式来看，五力之间的竞争要素不再仅仅是产品、价格和质量，而是更聚焦于企业经营的综合能力和内控管理质量。

（3）随着我国市场经济不断发展，政府监管部门对企业的经营管理提出了更高的要求，颁布了更多法律法规，出台了更规范的管理办法，企业为满足这些变化，必须加强与完善企业的内控管理系统。

（4）我们已经进入了数字化时代，大数据、物联网、人工智能等现代科技的发展，推动了企业内控管理建设与实施。

2. 企业内生管理的需要，推动企业越来越重视内控管理

在当下，企业不仅面临着外部环境带来的严峻态势挑战，还面临着转型创新带来的巨大变革冲击。面对这样的双重压力，大部分企业开始关注一个问题，即在急剧变化的环境下，如何创建企业新的核心竞争力和可持续发展战略，践行创造顾客价值、企业价值和员工价值的经营理念？同时，开始从单纯关注企业发展速度、利润、销量等规模指标转向更关注企业盈利模式创新、运营管理完善、环境适应能力提升等质量指标，为此内生管理逐渐成为大部分企业经营管理的主轴，而内控管理系统的建立健全和创新实践成为这一主轴的核心内容。

同时，董事会从企业发展战略的高度，对经营层提出了更高的内控管理要求，并将其纳入年度经营绩效考核的内容。

当今大部分企业还普遍遇到一个问题，即长期积累的规章制度、成熟的管理经验和大量的统计数据难以适应当下环境的不断变化，从内控管理系统的内容看，以前适应于大部分企业的管理制度和章程、运营管理流程等是可以复制、借鉴的，而今，外部环境的急剧变化，在与各个企业内部环境相结合后，产生了无数独特的企业个性，使得原先内控管理大部分内容和方法的可复制、借鉴等特点黯然失色，取而代之的是在科学理论指导下，在适应企业经营特性，满足各自企业内生管理需要下的内控管理系统的创新与实践。

3. 我国内控管理发展已进入创新阶段的需要，推动企业越来越重视内控管理

从2008年至今，我国企业内控管理实践经历了四个阶段：

第一阶段是引入阶段，随着2008年世界金融危机引起的企业经营高风险，我国出台了《企业内部控制基本规范》及《企业内部控制配套指引》等政策法规，要求企业特别是上市公司要建立内控管理系统，但是在当时，大部分人对"内控管理"一词还是较为陌生，对其概念和内容的了解更是少之甚少。

第二个阶段是熟悉阶段，随着政府管理部门法律法规的不断完善，内控要求越来越高，"内控管理"一词已经变得耳熟能详，在企业各类经营会议上，在各种经营报告里，"内控管理"成了不可或缺的词语。

第三阶段是运用阶段，为了满足政府管理部门的监管需要，满足企业自身发展的需要，内控管理已经成为企业经营管理的一个重要职能，纷纷建立和健全内控管理系统，大量的内控管理书籍出版，在这个阶段大部分企业虽然都已经完善了自己的规章制度、管理办法和业务流程，但还是处于复制阶段。

第四阶段是内控管理创新阶段，随着转型创新成为企业发展主旋律，数字化转型成为主旋律的核心内容时，企业的经营理念、价值观、管理模式、业务流程等发生了革命性变化，内控管理系统也应发生变化，因此，解放思想、创新探索成为此阶段的关键，每一个企业要根据自己的特点，创建既符合内控管理科学要求，又适合企业内生管理需要的内控管理系统。

问：随着企业数字化转型的深入，内控管理如何进行转型创新，与企业匹配？

答：随着企业数字化转型的不断深入，内控管理面临新的瓶颈，以"人"为主要对象的内控管理系统，如何适应数字化转型的需要，转为以"智能"为主要对象？面对传统制造业的自动化流水线、无人作业的智慧码头、服务行业的智慧营销、现代企业的智慧管理等，如果我们再用传统的内控管理系统进行管理，显然是不行的。所以我在书中进行了探讨，提出了在数字化转型下，内控管理转型的思路。

（1）业务流程的内控节点要做重新界定，长期积累与沉淀下来的那些传统经验和数据已经不能真实地反映内控管理现状。

（2）在流水线上、工作与服务现场的人员已经不再是从前简单的操作人员，而是拥有高学历、掌握先进技能、操作智能设备的"工程师"，所以内控管理系统不能再采用传统的"泰罗"式管理模式，他们不仅是内控管理的对象，更应该是内控管理的第一责任人；内控管理系统要有一个让"第一责任人"积极提出创新建议的空间和机制，比如定期的头脑风暴会议、内控创新小组、内控创新奖励机制等。

（3）传统的内控管理系统更多地强调制度、架构和流程，随着数字化转型，我提出要加强数据流程管理的观念，将管理制度、业务流程与数据管理相结合，从"质"和"量"两个维度进行内控管理，更有效地反映经营管理和业务流程中的实际问题。

问：大部分企业都已经建立了内审制度，设立了内审部门，为什么还要强调内控管理，建立内控管理职能部门？

答：这是一个好问题。首先我们来分析一下二者的不同点：

1. 概念不同

内审是一种独立、客观的确认和咨询活动，旨在增加价值和改善组织的运营。它通过应用系统的、规范的方法，评价和改善风险管理、控制和治理过程的效果，帮助组织实现其目标，内审必须遵守的原则是公正、客观、保密和胜任。

内控管理是指一个组织内部采取的措施，用于控制管理活动，旨在实现公司战略目标，保护公司的资产、确保会计精准度和效率，并确保遵守各项法律法规，符合公司各项规章制度和流程要求。内控管理由于与政策、职责和组织架构密切相关，因而必须融合到组织架构与系统中。

2. 建制不同

内审部门是董事会派出机构，在董事长领导下，向董事会办公会议递交审计报告，对董事会负责；内控是经营管理的一项职能，在总裁/总经理领导下，向总裁/总经理办公会议递交内控报告，对总裁/总经理室负责。

3. 检查标准不同

内审检查以国家的法律法规为主要标准，内控管理则以企业规章制度、管理办法和业务流程为主要标准。

4. 检查成员组成不同

内审检查由内审专职人员组成审计小组，开展独立的检查工作，检查者与被检查者是相对隔离的；内控检查则由不同层级、不同岗位的管理者组成项目小组进行开放式的检查工作，检查者与被检查者可以是检查小组的共同成员。

5. 报告性质的不同

内审检查报告通常是定性型的报告，是向董事会对检查结果提出处分的意见，而内控检查报告通常是建议性的报告，是向总裁/总经理室提出整改的建议。

6. 检查重点的不同

内审检查更多的是从合规的角度检查对财务法务法规的执行情况。而内控检查则是从管理的角度检查运用过程中对于公司治理、规章制度、业务流程的执行情况。

从以上的差异性可以看出企业建立内控管理系统与内审机制具有同等的重要性，两者不可替代。

问：如何有效地实施内控管理系统？

答：企业内控管理系统不仅包括完善的内控管理体系，还包括内控管理实施的方案，包括实施过程的检查和实施结果的评价体系。有效地实施内控管理系统可以从以下三点着手：

1. 从观念上着手

站在战略发展的高度去认识内控管理职能的重要性；从内控管理系统的网络化、动态化、矩阵化和层次化着手，建立内控管理的实施体系；从

"单位负责人是内控管理第一责任人"的观点转变为"每一位员工都是所在岗位内控管理第一责任人"。

2. 从管理主轴着手

由于当下企业面临着内外部环境严峻的挑战，企业将内生管理作为经营管理的主轴，但是由于战略发展的目标与需要不同，不同企业的经营管理主轴的侧重点不尽相同，有些以战略管理为主，围绕战略目标与计划实施的内容进行运营管理；有些以成本管理为主，围绕降本增效的内容进行运营管理；有些则以预算管理为主，围绕预算完成的内容进行运营管理；有些更以营销管理为主，围绕顾客满意的内容进行运营管理；等等，内控管理系统也应根据不同的管理主轴的侧重点进行策划与推进，而不能千篇一律。

3. 从内控管理系统实施的方法上着手

（1）将内控管理的检查与日常运营管理的检查相结合，打破职能管理之间的"壁垒"和孤岛。

（2）将内控管理职能植入企业月度经营会议或预算分析会议内，从以财务数据分析为主转为以财务分析和内控分析并重，通过内控分析，揭示财务数据背后的"故事"。

（3）内控管理检查的方法多元化，包括检查主体，检查方法，改进方法和评价方法等。

（4）将内控管理工作作为绩效考核的一个部分，运用项目管理的方法进行内控管理系统实施的监督与考核。

问：读者在阅读过程中，遇到问题或者在企业内控管理实践中遇到困惑，能否与您交流，获得支持？

答：完全可以啊。我非常欢迎大家的咨询，也乐意与大家进行交流。

后　记

在创作本书的过程中，笔者看到了通用人工智能系统的崛起，也产生了新的认知：每一个企业的内控管理流程在通用人工智能时代，都要重做一遍。而对于创业者和企业家来说，手里的工具变了，小企业也具备了构建智能化信息系统，生成信息系统的能力，数字化浪潮不是远方的涛声，而是脚下的潮水。

人工智能已经具备了"推理"和"涌现"能力，以及"判断"和"决策"能力，而且发展的速度越来越快。因此，面对新的未来，企业、组织如何生存，还是要回到管理创新这样的原点。

用管理创新引入新的管理实践、系统和工具来提高组织绩效的过程，这对企业来说意义重大，因为它有助于企业保持竞争力，适应不断变化的市场状况，并实现可持续增长。通过拥抱管理创新，企业可以提高效率，降低成本，提高顾客满意度，并培养创新文化。

企业的管理需要和人类新的数字智能基础设施相结合，管理者要有俯瞰地球的战略勇气，建立对于未来的想象力，不仅要作为组织的管理者出现，还要作为新的认知者出现。

企业的本质是一个营利性组织，管理的目的是以最有效的方式利用一个组织有限的资源来实现其目标。管理包括计划、组织、指导和控制组织的活动，以确保组织有效地运作。管理的主要目标是最大化组织利益相关者的价值。内控管理作为企业管理的重要组成部分，既体现着管理的特性，也保证了管理目标实现的重要环节。因此，在数字化时代，其底层内核没有改变，改变的只是我们使用工具和使用流程的方式。

在本书创作过程中，因人工智能突飞猛进发展，推动企业经营与管理在理念、模式和行为等方面的巨大变化，也促使我对原已形成的思路和框架基础不断修改，丰富了内容，使本书不落窠臼。

最后我要感谢给予我帮助支持的所有家人、同行、朋友们，感谢我曾服务与合作过的各企业和企业家们。我要感谢我的贤弟，复旦大学管理学院院长陆雄文教授在百忙中为本书撰写序言，笔锋所至，心之所向，为本书增添无限光彩。我要感谢华夏智库的老师们为本书所给予的大力帮助和付出的努力。要特别感谢本书的编辑，对专业知识具有极高的把握度，思路严谨、闻一知十；要特别感谢本书的图书策划人，他具有极高的市场敏感度。每一次与他们的交流都让我脑洞大开，仰取俯拾，受益匪浅。我还要感谢来自亚洲基础设施投资银行的管婧女士，对本书在内容上的新思维、新创意，以及在书籍出版后的推广策略方案所作的巨大贡献。

最后，借泰戈尔的一句话作为结语："我最后的敬意要给那些明知我不完美，但仍爱着我的他们，我也爱他们。"

柳家俊
2024 年 1 月于上海